# 교사의 책 쓰기

어쩌면 삶이 조금 쩔지도 모르는 책 쓰기 브랜딩

# 교사의 책 쓰기

어쩌면 삶이 조금 쩔지도 모르는 책 쓰기 브랜딩

배정화

처음 쓰는 당신에게, 현직 교사가 알려 주는 '책 쓰기'의 모든 것

『초등 집중력을 키우는 동시 쓰기의 힘』 저자 김진수,
『엄마를 위한 미라클 모닝』, 『캠핑이 우리 가족을 키웠습니다』 저자 최정윤 등
**현직 교사이자 작가들의 책 쓰기 추천 도서**

## 교사의 책 쓰기는 당신의 책 쓰기

'책 쓰기로 인한 완전 쩌는 인생. 이거 완전히 내 이야기인걸.'

프롤로그를 펼치는 순간부터 에필로그의 마침표까지 도플갱어를 보는 듯한 느낌이 들게 한 책. 어쩌면 삶이 조금 쩔지도 모르는 책 쓰기 브랜딩이라고 책 소개를 했지만, 저자의 삶을 따라가다 보면 다른 표현으로 바뀌게 됩니다. '완전 쩐다'

10년 전 처음으로 이 세계에 들어왔습니다. 그 과정에서 만난 것은 '나다움'이었지요. 저 역시 전혀 생각지도 못했던 길이었는데 이 길을 걷다 보니 소중한 동지들을 만나게 되고, 그들과 함께 하는 시너지가 새로운 삶을 향한 설렘으로 또 다른 세계의 문을 열게 합니다.

'소비되던 에너지가 생산적으로 바뀌는 힘' 타인을 향해 점을 찍었던 것들이 책 쓰기를 통해 자신을 향한 점을 찍게 되면서, 무채색으로 그려졌던 삶의 점들이 모여 선이 되고 면이 되는 과정을 만나게 됩니다. 자신 안에 있던 또 다른 참 자아를 만나는 특별한 순간. '교사의 책 쓰기'는 '당신의 책 쓰기'가 될 것입니다. 책 쓰기 부흥회에 여러분을 초대합니다.

– 김진수(초등교사, 『초등 집중력을 키우는 동시 쓰기의 힘』 저자)

## 책 쓰기의 기쁨을 열어주는 출발점

교사의 삶을 살면서 두 권의 책을 쓰게 되었고, 글쓰기가 교사로서의 삶을 얼마나 풍요롭게 만들어주는지 체감했습니다. 교실에서의 작은 순간들, 스쳐 지나던 생각들, 그리고 나만의 이야기를 글로 풀어내는 과정은 다시 '교사'라는 이름을 더 사랑하게 만드는 시간이었습니다.

『교사의 책 쓰기』는 그런 여정의 시작을 망설이는 선생님들께 건네는 따뜻한 손길입니다. 이 책은 단순한 책 쓰기 안내서를 넘어, 한 교사가 '책 쓰기'를 통해 삶의 갈증을 해소하고, 교직 생활에 새로운 의미를 더해간 여정을 진솔하게 보여줍니다. 책을 쓰며 자신과 삶을 더 깊이 이해하게 된 이야기 속에는 교사라면 누구나 공감할 만한 생각과 감정이 담겨 있어, 책장을 덮는 순간까지 긴 여운을 남깁니다.

이 책은 시중의 작법서들과 달리, 책 한 권의 출간 전·중·후 과정에서 '작가'가 알아두면 좋은 세부적인 팁까지 정성스럽게 담고 있습니다. 책 쓰기를 두려워하는 이들에게는 용기를, 막막함을 느끼는 이들에게는 방향을 제시해주는 친절한 길잡이입니다.

교사로서 책을 쓴다는 것은, 배움을 나누는 또 하나의 방식이며, 학생과 교실을 넘어 더 넓은 세상과 소통하는 일이기도 합니다. 이 책이 많은 선생님에게 책 쓰기의 기쁨과 가능성을 열어주는 출발점이 되기를 바랍니다. 그리고 언젠가, 당신의 이름으로 된 책이 또 다른 누군가에게 위로가 되기를 진심으로 응원합니다.

- 최정윤 (초등교사, 『엄마를 위한 미라클 모닝』, 『캠핑이 우리 가족을 키웠습니다』 저자)

## 자신을 찾아가게 하는 친절한 나침반

교사와 글쓰기는 자연스럽게 어울리지만, 교사의 책 쓰기는 여전히 특별한 도전처럼 여겨집니다. 하지만 저자의 여정을 지켜보며, 책 쓰기는 원한다면 누구나 시작할 수 있는 길임을 깨달았습니다. 2021년 첫 책 출간을 시작으로, 어느덧 네 번째 책을 내기까지 발걸음을 지켜봤고, 저자의 강연을 듣고 2023년 뜨거운 여름에는 책 쓰기 캠프에도 참여했습니다. 그 시간 덕분에 저 또한 개인 저서를 출간하게 되었고, 저자의 말처럼 책 쓰는 삶을 통해 제 삶에 변화가 찾아왔습니다. 무엇보다도 더 나은 나를 만나는 소중한 경험이었습니다.

이 책은 저자의 책 쓰기 여정이 정성과 진심으로 고스란히 담긴, 보약 같은 결과물입니다. 책장을 넘기는 당신 역시 글을 쓰고, 언젠가 책을 쓰겠다는 꿈을 품게 되리라 믿습니다. 길을 헤매는 우리에게 글쓰기는 자신을 찾아가는 여정이며, 책 쓰기에 관한 친절한 나침반이 되어 줄 것입니다.

여러분 인생에 아름답고 특별한 '책'이란 꽃을 피워보는 건 어떨까요? 그리고 이 책을 읽은 당신이 언젠가 저자가 되어, 누군가에게 '책 쓰기'를 권하게 될 날을 기대합니다.

— 김혜경(교감, 『경이로운 초등 2학년의 세계』 저자)

### 세심히 이끌어주는 글쓰기의 세계

배정화 작가의 세 번째 개인 저서가 나오기를 간절히 기다렸습니다. 작가는 교직 생활에 운명처럼 다가온 출간, 책 쓰는 기쁨을 생생히 이야기합니다. 처음 계약한 날의 이야기가 읽는 이의 마음도 콩닥거리게 합니다. 작가만의 위트와 솔직함을 무기로 읽는 우리의 마음을 무장 해제시킨 후 우리가 책을 쓸 이유를 찾게 하고 기필코 쓰게 만듭니다. 대학원을 두 번이나 다닐 정도로 배움의 열정이 가득한 저자가 글쓰기로 비상하는 모습은 또 얼마나 멋진가요? 그 열정으로 교사의 책 쓰기가 즐거운 취미생활까지 될 수 있음을 몸소 보여줍니다.

이 책은 분명 처음 책을 쓰고 싶은 여러분에게 다정하지만, 카리스마 있는 목소리로 글쓰기의 세계로 세심히 이끌어 줄 것입니다. 또한 쓰는 삶을 막 시작하려는 교사 작가에게 더없이 큰 영감을 불러일으킬 것입니다.

『교사의 책 쓰기』를 통해 글을 쓰게 되는 독자라면, 어느새 출간 작가가 되어 저자를 향한 팬심 가득한 감사의 인사를 전할 것이라 확신합니다.

― 이현정(초등교사, 『아들 넷 엄마의 슬기로운 정리 생활』 저자)

## 자신의 가치와 잠재력을 펼치길

교사 덕후이자 교사들의 리더!

배정화 선생님의 기다렸던 『교사의 책 쓰기』 책이 드디어 세상에 나왔습니다. 모두의 조력자라고 칭할만한 그녀의 글은 상업적이거나 화려하지 않습니다. 다만 정성어린 진솔함만이 담겨있을 뿐입니다. 위트와 재치 있는 글 속에서 가벼운 듯 진중한 정수만을 전하는 이 책은 현장 교사들에게 자신의 가치와 잠재력을 펼치라고 외치고 있는 듯합니다.

그동안의 삶과는 다른 삶, 글쓰기를 넘어 책 쓰기라는 위대한 도전을 안내하고 있는 저자의 글은 분명 독자로 하여금 책 쓰기라는 강력한 동기를 부여할 것이 자명합니다. 항상 남들과는 다른 특별한 차이를 만들어 내는 그녀가 이번 책을 통해 이뤄낼 변화 또한 기대됩니다. 이 책을 읽는 누구든, 배정화 선생님의 '교사의 책 쓰기'를 통해 앞으로의 삶은 '완전 쩌는 인생'으로 만들어 보시길, 그리고 그 길 끝에서 반짝이고 있는 진정한 당신과 조우하길 바랍니다.

― 정다은(유치원교사, 『나도 때론 로맨스 소설 속 주인공처럼 살고 싶다』 저자)

▌작가의 꿈에 다가가는 친절한 길잡이

『교사의 책 쓰기』에 실린 매력적인 에피소드를 따라가다 보면, 단순히 감상에 머무는 것이 아니라 '나도 책을 써보자!'는 결심이 절로 생겨납니다.

매일 접하는 책이지만 그저 독자로 머물던 순간에서 벗어나 스스로 이야기의 창작자가 되는 순간, 우리의 일상은 새로운 세상으로 변합니다. 단순히 타인의 시선으로만 세상을 바라보지 않고, 자신만의 고유하고 특별한 시선으로 이야기를 전할 수 있기 때문입니다. 그때 우리는 평범했던 일상에서도 더 많은 이야기와 영감을 발견하게 됩니다.

배정화 작가님은 독자와 창작자 그 사이, 높아만 보이는 경계를 넘어설 수 있도록 하나하나 비계를 놓으며 독자분을 책 쓰기의 세계로 초대합니다. 저 역시 그 안내에 힘입어 첫 책을 완성한 제자로서, 이 책이 많은 이들에게 든든한 디딤돌이 되기를 기대하고 있습니다.

'책 쓰기', '출간', '작가'라는 단어에 마음 가득 설렘을 느끼는 분이라면, 『교사의 책 쓰기』가 분명 그 꿈에 한 걸음씩 다가갈 수 있도록 세심하고 친절한 길잡이가 되어줄 것입니다. 이 책을 통해 작가의 여정에 첫발을 내딛는 모든 분들께 미리 축하의 마음을 전합니다.

― 조유나 (초등교사, 『세상에 없던, 꼭 필요한 결혼 준비』,
『세상은 궁금하지만 이불 밖은 귀찮은 너에게』 저자)

## 힘과 용기를 얻는 시작이 되기를

'나도 한번 써볼 수 있을까' 하는 마음이 자연스레 피어오르게 하는 책입니다.

글을 쓴다는 건, 어쩌면 조용히 자신을 꺼내어 보는 일입니다. 교사로서 글을 쓴다는 것은 단지 특별한 일이 아니라, 교사의 삶의 연장선이라는 사실을 다시 한 번 생각하게 합니다. 서툰 시작도 괜찮다고, 천천히 써 내려간 기록도 누군가에게 닿을 수 있다고 이 책은 조용히 속삭입니다. 읽다 보면 나의 이야기도 누군가에게 빛이 될 수 있겠다는, 그런 희망이 마음속에 스며듭니다.

나 역시 이 책의 저자 배정화 선생님의 응원 덕분에 교사 작가로서의 삶을 시작할 수 있었습니다. 첫 책을 세상에 내놓을 수 있었던 가장 큰 힘은 배정화 선생님의 진심 어린 격려와 따뜻한 믿음이었습니다. 그 덕분에 나는 '교사 작가'가 되었고, 교사로서의 삶도 더 사랑할 수 있게 되었습니다.

이 책은 글쓰기를 시작하고 싶은 교사에게 힘이 되고, 용기를 주는 안내서가 되어줄 것입니다. 지금이 바로 그 시작이 되기를, 온 마음을 다해 응원을 보냅니다.

— 임소정(유치원교사, 『전지적 어린이 시점』 저자)

**프롤로그**

## 처음 쓰는 당신에게

선생님! 하늘이 참 맑습니다. 잘 지내고 계시는지요? 여전히 바쁜 가운데 새 책으로 인사를 드립니다. 지금쯤은 자신의 길을 찾아서 잘 걸어가고 계시는지 궁금합니다. 저는 잘 지내고 있다고 생각했다가도 가끔 우울해지기도 하고 또다시 길을 잃고 헤매기도 합니다.

미혹됨이 없다는 불혹(不惑)의 나이 사십, 그것도 중반이 넘은 나이였을 때조차 제 인생은 여전히 뜬구름처럼 가벼워 정착되지 못하고 이리저리 흔들렸습니다. 이 나이쯤 되면 무언가가 되어 있을 거로 생각했지요. 그런데 현실은 다람쥐 쳇바퀴 돌 듯 매일 다를 바 없이 아이들을 가르치고 돌보는 일이었습니다.

학교 일에 매몰되어 언제부턴가 가정에서도 직장에서도 나라는 존재는 없는 느낌마저 들어 매년 허탈함이 몰려오기도 했습니다. 그렇게 시작된 방황, 갈팡질팡 무엇을 해야 하나, 끝이 보이지 않는 전쟁 속에서 계속 가르치는 것에만 집중해야 하는 삶이 신물이 나기도 했습니다.

이 문제는 잘 가르치는 것과는 또 다른 삶의 문제, 존재의 의미였습니다. 무엇이 간절히 되고 싶다는 생각은 교직에 입문하고 사라진 지 오래였고, 무엇이 될 수 있을 거라고 꿈도 꾸지 못했습니다. 언제부턴가 찾아왔던 삶의 갈증의 이유를 찾지 못한 채 또 한 해를 살아갈 뿐이었습니다.

길을 헤매고 있는 가운데 더 나은 나를 찾기 위해 시작된 여정, 그 열망의 한가운데서 우연처럼, 아니 운명처럼 그렇게 책 쓰기를 만났습니다. 욕심 하나를 내려놓으니, 막다른 길에서 또 다른 길이 열렸습니다.

이상한 일이지요? 분명 한 번도 생각해 보지 않은 길이었는데 말입니다. 신기한 것은 이 길이 교사가 걸어갈 정도(正道)가 아니라 샛길인 줄만 알았는데, 왠지 교사로 더 잘 걸을 수 있도록 해주었습니다. 매일 걸었던 등굣길이 아니라 낯선 오솔길에서 울퉁불퉁 자갈돌을 밟는 기분이랄까? 무언가 꿈틀거리는 게 참 어색하지만 싫지 않았습니다.

책을 쓰고 난 뒤 한 걸음씩 나아가는 제가 보이기 시작했습니다. 읽고 쓰며 단단한 사람이 되어갔습니다. 아이들만 가르치던 제가, 할 줄 아는 일이 또 하나 생긴 것이지요. 저도 이제 미래의 제가 어떤 사람이 될지를 가늠할 수 없습니다. 아이들처럼 다시 하얀 도화지에 새로운 삶을 써나가고 있기 때문이지요.

글쓰기는 여전히 저에게는 힘이 드는 일입니다. 해보지 않은 것을 단기간에 잘한다는 건 누구에게나 쉽지 않겠지요. 그러니 이 길도 연습하며 천천히 부단히 걸어보려 합니다.

처음 쓰는 삶을 만나 설레던 순간, 운명의 소용돌이를 만난 것처럼 책 쓰기로 변화된 삶, 교사를 넘어 초보 작가로 살아가는, 계속 쓰는 삶의 이야기를 진솔하게 담았습니다. 아무것도 몰랐던 제가 초보로 첫 출발할 때 너무나 궁금했던 출간 팁까지 함께 구성하여 이야기를 풀어 놓고자 합니다.

교사로 처음 글을 쓰는 당신을 위해, 생산적인 삶으로 두 번째 삶을 살고 싶은 당신에게 이 책의 내용이 부디 혼자 걸어가는 발걸음에 힘과 위안을 주기를 바랍니다.

선생님의 새로운 삶을 향한 열망과 지금까지 교사로서 걸어온 여정이 책 쓰기를 통해 열매 맺기를 기대합니다.

햇살 좋은 봄날에<br>
배 정 화

## 차례

추천사     5
프롤로그 - 처음 쓰는 당신에게     12

### 1장
### 처음 쓰는 삶

| | |
|---|---|
| 책쓰기 부흥회 | 22 |
| 소싯적 글 좀 쓰는 사람 | 27 |
| 미로에서 탈출하기 위해 | 31 |
| 그렇게 작가가 되었다 | 35 |
| 관종은 아닙니다만 | 40 |
| 세상에 알려진다는 것 | 44 |
| 다시는 쓰지 않겠다는 거짓말 | 48 |
| 딱지 부자의 꿈 | 52 |

### 2장

### 어떻게 쓰면 되나요?

| | |
|---|---:|
| 임전무퇴퇴퇴 | 58 |
| 이보다 좋을 순 없다 | 62 |
| 골든타임보다 블루타임 | 66 |
| 엉덩이로 쓰기 | 70 |
| 글을 발로 썼느냐고 물으신다면 | 74 |
| 골방에서 피어난 상상 | 78 |
| 쓰는 비결은 단지 쓰는 것이다 | 83 |
| 웬만하면 빼세요 | 87 |
| 혼자가 안 된다면 같이 | 91 |
| 마침내 꽃이 핀 순간 | 95 |

## 3장

## 계속 쓰는 삶

| | |
|---|---|
| 자기 계발 1도 몰랐던 바보 | 100 |
| 글 쓰는 사람의 태도 | 104 |
| 홍대리와의 짜릿한 연애 | 107 |
| 딴짓하는 즐거움 | 112 |
| 어느 날 갑자기, 브랜딩 교사 | 116 |
| 또 다른 길에서 피어나는 꿈 | 120 |
| 조금 '쩌는' 인생을 위해 | 123 |
| 에세이스트가 되고 싶어졌습니다 | 126 |

# 4장

## 초보 교사 작가를 위한 책 쓰기 비밀 노트

1. 장르(영역)와 주제 정하기 　　　133

2. 제목과 부제 정하기 　　　136

3. 목차 잡기 　　　140

4. 원고 작성용 편집 용지 세팅하기 　　　143

5. 책 한 권의 분량? 　　　146

6. 책 판형(사이즈) 정하기 　　　148

7. 본문 쓰기 　　　151

8. 퇴고하기 　　　154

9. 프롤로그와 에필로그 쓰기 　　　158

10. 출간기획서 쓰기 　　　162

11. 투고하기 　　　164

12. 출간 계약 시 알아두어야 할 일 　　　171

13. 저자 프로필 쓰기 　　　174

14. 추천사 받기 　　　178

15. 출간 후 홍보하기 　　　183

에필로그 - 책 쓰기로 삶에 '변화'라는 소스를 부어주길 　　　186

부록 - 외부 강의와 겸직 신고 　　　192

# 처음 쓰는 삶

### 1장

## Check List

- 책 쓰기 부흥회
- 소싯적 글 솜 쓰는 사람
- 미로에서 탈출하기 위해
- 그렇게 작가가 되었다
- 관종은 아닙니다만
- 세상에 알려진다는 것
- 다시는 쓰지 않겠다는 거짓말
- 딱지 부자의 꿈

# 책 쓰기 부흥회

임용시험에서 합격을 간절히 원했던 그날, 나는 처음으로 우리나라에서 가장 큰 교회에 갔더랬다. 말로만 듣던 부흥회, 처음 보는 사람들 모습에 압도된 나는 무리에 쉽사리 섞이질 못하고 주위만 두리번거렸다. 어떤 사람들은 울기도 했고, 혹자는 손을 들고 알아들을 수 없는 말로 부르짖기도 했다. 가느다랗게 실눈을 뜨고 이곳저곳을 살피기에 여념이 없던 나. 영화 속 한 장면 같은 이 현장에 내가 있다니…. 어찌할 바를 몰라 눈만 찔끔 감고서 그만 돌부처가 되어버렸다. 그것도 교회에서. 저들처럼 소리를 지르고 무언가를 간구하고 싶었으나 입 밖으로 차마 나오지 않는 소리. 연신 차오르는 침만 꿀꺽 삼킬 뿐이었다.

눈을 지그시 감았다. 다시 호흡을 가다듬고 작은 소리로 중얼거려 보았다. 그런데 얼마 되지 않아 그들의 대열에 속해 큰 목소리로 기도하고 있는 나. 그렇게 난생처음 부흥회라는 교회 모임에 참석했다. 꽤나 자극적이었다. 교회에서 나오면서 역시나 이런 부흥회는 나와는 맞지 않는다며 고개를 가로저었고, 다시는 발 들이지 않겠다고 마음속으로 굳게 다짐했었는데. 그래 놓고서 왜 또 여기 있는 것일까? 옛일이 떠오르면서 끝도 없는 고민의 늪으로 빠져드는 중이었다.

흡사 부흥회를 연상시키는 이 모임에 오게 된 이유는 2021년의 어느 날로 거슬러 간다. 이곳에 오기 전 전문직 시험을 때려치운 나는 외국에서 한달살이를 시작했다. 내 길이라 생각했던 곳에서 주저앉아 있다가 헛헛하면서도 시원섭섭한 마음으로 떠난 여행길. 그때의 나는 이미 몸과 마음이 만신창이었다. 공부를 그만둔 순간부터 다시 교직에서도 갈 길을 잃고 헤매고 있었다. 그때 만난 타국의 세상은 내가 아무것도 하지 않아도 자연의 바람으로 나를 치유했다. 차츰 내 영혼까지 회복되어 갈 무렵, 여행의 단꿈에서 깨어났고, 무언가 다른 걸 해볼 힘을 얻었다. 그때 눈을 돌린 것이 바로 거실 한편을 가득 메운 책장이었다.

그렇게 그를 만난 것은 내 방황의 끝자락에서였다. 다른 삶을 살아보겠다고 발버둥 치는 내게 그는 한 권의 책을 내밀며 손짓했다. 나는 그만 그 유혹의 손길을 뿌리치지 못하고 그의 손을 덥석 잡아버렸다. 그렇게 시작된 내 생애 첫 저자와의 만남은 퍽 신선했다. 책장에서 우연히 집어 든 『교사가 성장하면 수업도 성장한다』 책의 저자를 만나고 싶어서 참여한 독서 모임이 나를 어디로 이끌어 줄지 그때는 몰랐다.

온라인 독서 모임에서 새로운 사람들을 만나며, 조금은 우울했던 삶이 책으로 하나둘 채워지기 시작했다. 여름 방학부터 시작한 독서는 어느덧 100일을 넘겼고, 독서 모임장의 외침에 따라 마치 부흥회처럼 조금씩 두 손을 추켜들고 손뼉을 치고 있는 나를 발견하곤 했다. 어느새 나는 그렇게 변해갔다.

이 상황은 필시 우리 엄마가 다단계에서 주는 달걀 한 판이 미끼인 줄을 알면서도 그 재미에 빠져서 다음번엔 프라이팬을 사 오는 것과 비슷한 느낌이라고나 할까? 나는 그렇게 그의 미끼에 걸려들었다.

*"아 선생님, 블로그에 쓰신 이런 내용 너무 좋은데요. 책으로 쓰시면 좋겠어요."*

그저 저자의 얼굴 한번 보고, 책을 읽으러 모임에 참여했을 뿐인데, 이제는 책 쓰기를 하면 새로운 세상을 만난다고 틈만 나면 꼬드겼다. 참으로, 이 독서 모임과 그의 정체가 진심 궁금해졌다. 그 뒤로도 나는 '지금, 여기, 나는 누구?'라는 정체성에 혼란을 겪으며 시름시름 앓아누웠다. 급기야 책 쓰기란 말만 들어도 미간이 찌그러지면서 목구멍 가득 신물이 넘어오기까지 했으니, 그 병세를 알만하지 않은가. 그는 회원들의 병세에는 아랑곳하지 않고 한결같이 '책 쓰기'를 전도했다. 오늘도 내일도 그다음 날도 친절하게 회원들을 회유하는 모습은 한 치의 오차도 없이 늘 같은 결론을 이야기하고 있었다.

그러니까 지금 앞서 말한 저분의 정체는 대강 이렇다. 초등 교사이면서, 저자 그리고 독서 모임을 운영한다. 세상 친절하고 상냥한 멘트로 사람을 다독이는 일이 몸에 밴 듯한 사람이며, 그 이유는 아직 밝혀지지 않았지만 자기가 가진 걸 아낌없이 퍼준다. 교사보다는 전도사님 느낌이랄까? 활동하는 닉네임도 '밀알샘'이다.

"하나의 밀알이 땅에 떨어져 죽지 아니하면 이는 단지 하나의 씨앗으로 남을 뿐이나, 이것이 땅에 떨어져 죽으면 많은 열매와 새 씨앗들을 낳는다."

요한복음 12장 24절에 등장하는 그 단어, '밀알'이었다.

아! 진정, 저 사람은 사이비 교주인 건가? 어딘가 뒤가 구린 냄새마저 나는 듯했다. 나를 비롯해 가족들조차 그의 정체에 의심의 눈초리를 풀지 않았다. 모임 끝에 그가 하는 똑같은 말은 세뇌에 가까웠고, 계속 들으니, 의심만 커질 뿐이었다. 그래도 그 끈을 놓지 못하고 무엇에 홀린 사람처럼 나는 왜 열심히 모임에 나가는 것인지. 단단히 뭔가가 잘못되어 가고 있는 느낌을 지울 수가 없었다.

새해가 되고 얼마 지나지 않은 어느 날이었다. 그날도 모임에서 책 쓰기 전도사의 이야기를 1열에서 경청하던 나는 갑자기 사명감 같은 무언가가 마음속에서 일기 시작했다. 급기야 미친 소리를 지껄이기 시작했는데.

"신이시여. 제가 이분의 책 쓰기 멘티 1호가 되게 해주시옵소서!"

소리 없는 외침은 입 밖으로 튀어나왔고, 모임 사람들 앞에서 책을 쓰겠다고 공언하기에 이르렀다. 붙잡을 수 없을 만큼 빠른 속도였다. 정신 나간 말은 감탄사를 연발하는 사람들 귀에 안착하고야 말았다.

이것은 흡사 20년 전에 참석했던 부흥회의 한 장면과 닮아 있었다. 이런 비현실적인 일은 어떻게 일어나는 것일까? 내게 책 쓰기는 운명, 그런 것이었을까? 교회에서 말로만 들었던 성령의 힘이란 것이 책 쓰기 부흥회에서 시작돼 한동안 은혜롭게 내 주위를 맴돌았다.

앞으로 펼쳐질 내 운명을 한 치 앞도 모른 채 그때의 나는 헛소리를 지껄인 죄로 그렇게 미친 듯 글을 써야만 했다. 책 쓰기 전도사님의 1호 제자가 되기 위해서, 아니 해본 적도 없는 작가가 되기 위해서.

## 소싯적 글 좀 쓰는 사람

"위 사람은 교내 백일장대회에서 우수한 성적을 거두었으므로 이 상장을 주어 칭찬합니다."

서랍 속 빛바랜 추억으로 남아 있는 글짓기로 받은 상상, 이 작은 종이 하나로 나는 조금 반짝이는 아이가 되었다. 그전까지도 별 재능 없이 그저 순하고, 소심한 아이였는데 말이지. 우연이었을까 그 뒤로 내 인생 글쓰기 여정은 조용히 시작되었다. 중학교 3학년 때까지 줄곧 백일장에서 장원을 차지했으니, 지금 생각하니 나는 소싯적 글 좀 쓰는 학생이었다. 불우했다고 느꼈던 유년 시절, 하지만 그런 나도 글쓰기를 통해 세상 밖으로 나올 수 있었으니 돌이켜보면, 나름 낭만적인 과거였다.

그런데 오랫동안 나는 '쓰는 사람'이 아니라 '구경꾼'이었다.
살아온 만큼 쌓인 시간의 조각들을 한 권의 책으로 출간했을 때, 나는 이미 사십 중반을 지나 있었다.

책을 출간했을 때 사람들은 놀란 눈을 하며, 언제부터 그런 재능이 있었냐며 묻곤 했다. 앞서 말했듯이 내가 가진 이력이라곤 초중학교 때 서너 번 상을 받았던 이력이 전부다. 그것을 글쓰기 재능이라고 하기에는 너무나 오래전 일이라 낯부끄럽기 짝이 없는 전적들이다. 그런데도 사람들은 내게 있을 어딘가에 숨겨둔 글쓰기 재능을 찾기 위해 수색대처럼 달려들었다. 소싯적 이야기를 잠깐이라도 할라치면, 그러면 그렇지 하면서 내가 원래 잘 쓰는 사람이었을 것이라고 넘겨짚었다. 그래서인지 글을 써보라고 권하면 자신들은 나처럼 재능 있는 사람이 아니라고 손사래 치곤 했다.

　글쓰기 재능은 과연 타고나는 것일까? 아니면 쓰면서 생기는 재주일까? 교사 임용고시 논술 시험을 끝으로 글이라고는 써본 적 없는, 학교에서 부서 계획서나 긁적이는 수준의 아주 맛맛한 글을 쓰는 것이 전부였던 내가 책이란 걸 썼고, 어느 날 눈떠보니 작가가 되어 있더란 말이다. 어릴 적에 글을 잘 써서 책을 내야겠다고 생각한 것도 아니었고, 글쓰기 재능이 있다고 자부해서 글을 쓴 것도 아니었다. 써야겠다고 마음먹었고, 그래서 썼고 또 쓰다 보니 써졌다. 그렇게 완성된 글은 나를 재능 있는 사람으로 만들었다.

　그렇다. 나는 소싯적에, 그것도 아주 어릴 적 글 한번 써본 사람이었다. 하지만 책을 쓴 나는 소싯적의 내가 아니라 글쓰기에 아무 관심도 없고, 쓸 줄도 모르던 현재의 나였다. 글 쓰는 재능은 누군가에겐 분명히 있겠지만 책 쓰는 것은 그것과 조금 다른 일이다.

책 쓰기에서 재능보다 중요한 것은 목표와 자세였다. 목표를 잡고 먼저 펜을 들고 시작하는 사람만이 그 영광을 가져갈 수 있다. 글을 잘 쓰고, 못 쓰고는 그 다음 일이다. 우선 한 권의 책을 완성한다는 것은 결코 재능만으로는 할 수 없는 일임을 써본 사람은 안다.

작가가 되고 싶은 사람이라면 책을 쓰고 싶은 당신이라면, 재능 따위 생각 말고 쓰고 싶다고 느낀 그 순간부터 하고 싶은 이야기를 써 내려가면 된다. 글을 쓰는 시간이 쌓이고 쌓여 재능이 되고, 글이 되고 책이 될 수 있으니까.

그래도 만일 재능을 탓하고 싶다면, 중용(中庸)에 담긴 말을 조용히 읽어 보길 바란다.

'남이 한번 해서 능하면 나는 백 번 하고, 남이 열 번 해서 능하면 나는 천 번을 하라.
人一能之 己百之, 人十能之 己千之(인일능지 기백지, 인십능지 기천지)'

재능이 없다면 그렇게 되기 위해 남보다 더 노력하면 될 일이다. 만일 기백, 기천 번을 했는데도 재능인 발꿈치도 못 따라간다면 그때 포기해도 늦지 않다. 쓰는 동안 재능을 탓하는 사람이 아니라 자신의 글쓰기 재능을 발견하는 사람이었으면 좋겠다.

하아~ 좋은 말로 독자를 위로하고 있지만, 나 역시 재능 없이 글을 쓰고 있자니 너무 고단하다. 오늘도 마감 기한을 넘겼는데도 글을 안 쓰는 건지, 못 쓰는 건지 이리 빌빌대고 있으니…. 이 현실을 어찌할꼬. 그때마다 어릴 적 상 받았던, 호랑이 담배 피우던 시절의 필력이 되살아나서 선물처럼 한 페이지 가득 써졌으면 좋겠다. 오늘도 없는 글쓰기 재능을 만들어가며 기백지(己百之)하는 중이다.

## 미로에서 탈출하기 위해

앗! 마감 임박. 하필 이 중요한 순간에 휴대전화 결제 창이 계속 먹통이다. 확인 버튼만 누르면 밤 12시 안에 결제가 성공인데…. 속이 타들어 갔다. 이날은 책 쓰기 특강으로 유명하다던 아무개 강사의 무료 강의가 있던 날이었다. 듣던 대로 깅의 내용도 좋았고, 책을 쓰고 싶어 뭔가 꿈틀거리던 마음에 불을 지피기에 충분했다. 그러나 강의 말미에 안내되던 상업적인 멘트!

"오늘 밤 12시까지 결제하면 120만 원에서 50만 원을 할인해 줍니다. 마지막 기회입니다."

'헉! 책 쓰기에 이렇게 큰돈을 내라고?' 무료 강의라고 하더니, 이런 상술을 쓰는 거였구나. 오만가지 생각에 마음이 혼란한 가운데 짐짓 놀라면서도 속내는 그 50만 원을 할인받고 싶었다. 왠지 그러면 내가 결심했던 책 쓰기에 성공할 수 있을 것 같아 안달이 났는지도 모른다. 그런데 왜 지금 이놈의 핸드폰이 말썽이냔 말이다. 어쨌든 내 휴대폰 결제 창은 계속해서 오류라는 메시지를 전달했다. 제발 12시가 되기 전까지 결제할 수 있기를. 내 간절한 바람과 달리 다행인지 불행인지 휴대전화 결제 창은 그 시간까지 나를 애태우면서 빙글빙글 돌기만 했다.

그 덕분에 나는 자본주의 세상에 빠지지 않고, 책 쓰기에서 자학자습의 길로 들어설 수 있었다. 그때 그 돈을 지불했으면 지금 어떤 삶을 살고 있을지 모르겠지만, 아마 돈이 아까워서 신경쇠약에 걸렸을지도 모를 일이다.

책 쓰기를 결심하고 이리 기웃, 서리 기웃한 후에 알게 되었다. 내가 교사로 너무 순진하게 세상을 살아왔다는 것을. 그토록 갈망했던 책 쓰기 비법을 알려준다는 강의는 크고 작은 수업료를 지불해야 했다. 그것도 아주 치밀하게 고객을 유인하는 전략을 쓰고 있었다. 유명 작가가 하는 책 쓰기 코칭은 기백에서 기천까지 다양한 상업 시장을 이루며 성황을 이루고 있었으니, 그야말로 신세계, 나는 지금까지 학교만 다닌 아무것도 모르는 세상 순진한 멍청이였다.

'이렇게 많은 사람들이 책 쓰기를 하고 싶어 했구나. 그리고 거기에 수강료를 기꺼이 지불하다니! 책 쓰기란 이리 돈을 투자해야만 할 수 있는 것인가?' 책 쓰기 코칭에 한 달 월급의 반을 투자할 만큼 배포도 경제적인 여유도 없었다. 그럼에도 마치 홈쇼핑 광고처럼 '지금이 마지막 기회입니다'라는 문구에 현혹되어 스르르 결제 창에 손을 대고 있었던 것을 보면, 그 현혹됨이 얼마나 강렬한지 알만하다. 호랑이 굴에 잡혀가지 않으려면 정신을 바짝 차려야 했다. 목마른 놈이 우물 판다고 그날부터 큰돈 들이지 않고 책 쓰기를 배울 수 있는 방법을 찾아 헤맸다. 두렵지만 정신 차리고 그 길을 혼자 가보기로 했다.

거의 한 달 동안, 책 쓰기를 위해 작법서 독파, 교사 연수 수강, 영화까지 탐색하고 공부했다. 나의 갸륵한 정성에 감동한 신께서는 다행히도 내 주머니 사정을 헤아리사 알뜰비용으로 코치해 주는 『이젠 블로그로 책 쓰기다!』의 저자 신은영 작가님을 만나게 해주셨다. 나는 날마다 글을 쓰며 선생님께 피드백을 받을 수 있었다. 그렇게 글쓰기에 감을 잡으며 내 쓰기 인생은 시작되었다.

어린 시절 아들들은 제주에 가면 꼭 미로 탈출 게임을 했다. 그들은 지도를 들고 꼼꼼하게 길을 찾거나 전략적으로 움직여 쉽게 미로를 빠져나와 정상에서 종을 울렸다. 그와 반대로 난 미로 찾기에 그다지 흥미가 없다. 시간을 매어둔 듯 산책하며 걷다가 벽이 나오면 다시 돌기를 반복하면서 계획 없이 움직였다. 속내는 누군가 꺼내주겠지, 하며 넋 놓고 있었기 때문이다. 아들들은 미로 꼭대기에 올라가 내가 있는 곳을 찾아 이리저리 코칭을 해주며 길을 안내하거나 벽을 넘어 한방에 쏙 데리고 나가기도 했다. 그제야 알쏭달쏭 지루한 미로 탈출이 끝났다. 다시 그 길에 준비 없이 들어갈 때는 비슷한 전철을 밟고 또 한 번 헤매기 일쑤였다.

모든 여정은 시간의 차이만 있을 뿐 그만두지 않으면 언젠가는 도달한다. 그러나 도착하는 시간차는 분명히 존재한다. 자신이 바라는 시간대에 목표한 결과를 얻고 싶다면 자기 주도적으로 움직여야 한다. 그러다 보면 기술도 생기고 그것이 재미가 되기도 하니, 책 쓰기도 마찬가지로 나만의 지도를 들고 한 걸음씩 내디뎌 보기를 권하고 싶다.

미로 탈출을 싫어하는 나는, 누가 나 좀 탈출시켜 줬으면 하는, 혹은 손 안 대고 코 풀고 싶은 마음이 여전히 남아 있다. 글쓰기는 안 하면서 책은 내고 싶은 내 속마음처럼 말이다. 그러나 미로 탈출과 달리 책 쓰기 게임에서 전략적으로 움직인 덕분에 나는 아주 빠르게 길을 찾아 종을 울릴 수 있었다. 그 순간 아들들이 가본 세상을 비로소 경험했다.

땅땅땅! 그 소리가 어찌나 청량하던지! 세상 한가운데 내가 서있는 짜릿한 느낌이었다.

## 그렇게 작가가 되었다

초고를 완성하고 맞이한 5월은 산뜻한 연둣빛일 줄 알았는데 잿빛이었다. 무려 100페이지에 가까운 원고를 써낸 강인한 정신력은 온데간데없고, 출판사 거절 메일에 멘탈이 너덜너덜해졌다. 아무리 안정을 취해보려 해도 쉽사리 진정되지 않는 좌절감에 며칠 몸살을 앓았다. 그러고는 이내 '그러면 그렇지. 나 같은 초보 글을 누가 뽑아주겠어?' 하면서 깊고 긴 자학의 늪에 빠져들었다.

그때 다시 내 앞에 나타난 책 쓰기 전도사님, 그의 위력은 또다시 나를 움직이게 했다.

"투고하시면 됩니다. 세상에 내 글을 알아보는 출판사는 반드시 있습니다."

책 쓰기 전도사님은 내가 나약하게 주저앉을 때마다 그 기회를 포착하고 주님처럼 어린 나를 살포시 일으켜주셨다. 좌절할 겨를도 없이 그놈의 친절한 등쌀에 못 이겨 나는 다시 투고를 시작했다. 그렇게 여러 날이 지난 어느 날 출판사에서 기적처럼 연락이 왔다.

"작가님의 원고를 맡겨주신다면 정성껏 출판해 보고 싶습니다."

'두드려라, 그러면 열릴 것이다'라고 했는데. 할렐루야! 오 마이 갓! 정말 열려라, 참깨처럼 출판사의 문이 열렸다. 며칠간 쪼그라들었던 인생에 드디어 쨍하고 해 뜰 날이 찾아왔다. 내게도 이런 순간이 오다니, 한줄기 축복의 빛이 온몸에 쏟아지는 듯했다.

그런데 이런 기쁨도 잠시, 출판사 대표가 만나자는 제안에 초보 작가의 마음은 두 근 반 세 근 반, 설렘보다는 걱정이 앞섰다. 난생처음 보는 사람들과 무슨 말을 해야 하지? 머리털 나고 원고라는 것을 처음 써본, 진짜 아무것도 모르는 초보 작가인데 말이다. 작가인 척을 하고 싶었지만 감조차 오지 않았다.

여러 출판사 중에 내가 선택한 곳은 충무로에 있는 출판사였다. 앞쪽으로는 남산타워가 보였고, 번듯한 도심에 있는 출판사라 기대감이 컸다. 이날 나는 교사보다는 진심 작가로 보이고 싶었다. 아직 인세도 받지 않았지만 대강 50만 원 정도의 계약금을 산정한 뒤, 작가처럼 보일 수 있는 가방을 하나 구매했고, 작가 냄새가 풍기길 바라며 출판사로 출동했다.

설레는 마음으로 행여 늦을까 조퇴까지 하고 도착한 출판사, 예상외로 세련미보다는 충무로의 옛 정취가 풍기는 작은 골동품 가게 느낌마저 풍겼다. 그렇게 시작된 대표와의 만남, 다시 임용 면접을 보는 듯한 이 기분, 대표는 호기심 어린 눈빛으로 나를 바라보며 책을 쓰게 된 동기며 교육철학 등을 물어보셨다. 책에 다 쓰여 있는 것을 왜 또 물어보는지 갸우뚱했지만, 속내를 감춘 채, 연신 예의 바르게 최선을 다해서 대답했다. 긴장된 시간이 흘러갔지만, 머릿속은 온통 계약에 대한 생각뿐이었다.

다음으로는 실무진과의 대화가 이어졌다. 제발 미리 연습한 것을 잘 말할 수 있기를 기도했다.

"인세는 몇 퍼센트를 원하시나요?"

앗싸! 미리 준비해 간 예상 질문이 적중하면서 내심 안도의 한숨을 내쉬었다. 모르고 갔더라면 아마 선비 같은 나는 '초보 작가라 출판만 해주신다면 주는 대로 받겠습니다.' 하고 넙죽 절했을지도 모른다.

"글쎄요. 얼마가 좋을까요?"
"보통 초보 작가는 7%부터 시작합니다만, 작가님 의견을 존중하겠습니다."

심호흡하고, 얼굴에 평정심을 유지한 채 진짜 작가처럼 말해야 한다고 나 자신을 독려했다.

"8% 선인세로 계약금을 주셔야 제가 쓴 글에 자부심을 가지고 퇴고할 것 같습니다."

심장이 마구 두근댔다. 내가 말하고도 어이가 없었다. '초보 주제에 글에 대한 자부심은 무슨 !' 헛웃음이 나올 판이었다. 그런데도 작가답게 아주 잘했다고 생각했다.

"예, 좋습니다. 그렇게 하겠습니다."

'뭐야 이리 시원하게 수락할 줄 알았다면 좀 더 세게 불러볼걸' 하는 후회가 밀려왔다. 어설프게 시작한 미팅에서 준비해 간 예상 질문을 모두 통과하며 거국적인 출간 계약을 성사했다. 학교에서 해본 일 없던 이상하고 신기한 경험이었다. '작가들은 이런 기분을 가지고 살겠구나!' 학교밖에 몰랐던 우물 안 개구리였던 내가 아주 큰 세상을 만난 날이었다.

투고 메일을 보내고, 일주일 만에 출판사와 미팅을 했고, 첫 계약을 위해 출판사에 방문했던 일은 오랫동안 내 기억에서 꿈틀거렸다. 새로운 세상에 한 발을 들여놓았구나! 하는 설렘과 긴장감, 그래서였을까? 지금껏 잘 나대지 않았던 심장이 마구 요동치며 내 삶에도 새로운 바람이 불어올 듯한 예감이 들었다.

한껏 상기된 얼굴로 골목을 빠져나와 느꼈던 6월 공기, 오후의 햇살과 바람이 더없이 향긋했다. 그리고 멀리 보이는 남산의 정취가 선명하게 가슴속으로 파고들었다.

작가인 척하기 위해 계약도 하기 전 먼저 가방을 사서 작가 코스프레를 했지만, 그 가방 덕분이었을까? 나는 그렇게 작가로 출발하는 신호탄을 쏘아 올렸다.

## 관종은 아닙니다만

"혹시 블로그나 인스타 하시나요?"
"네?"

출판사 미팅이 있던 날, 뜻밖에 훅 들어온 질문은 온라인상에 홍보 루트가 있는지를 묻는 것이었다. 요즘 출판사는 잘 쓰는 작가보다는 잘 파는 작가를 원한다는 말이 있던데, 그걸 파악하려는 질문이었을까? 그때는 알지 못했다. 교사 임용시험이었으면 예상 질문을 한참 벗어난 면접 질문에 당황해서 아무 말도 못 하고, 얼굴이 화끈거렸을 터. 허나 그때는 계약 성사를 위해 온 정신을 가다듬어야 했다.

"뭐… 흐읍, 꼭 해야 한다면 이제부터 해보겠습니다."

블로그나 인스타는 내게 불모지였다. 자신이 가지고 있는 것들을 사진으로 과시하거나 관심을 구하는 수많은 사람에게 '관종'이란 이름표를 붙이며 그들을 향해 혀를 끌끌 차기도 했으니, 한마디로 '나는 자연인이다' 급 은둔형 교사가 나였다.

독서 모임을 하고부터 처음 개설한 블로그는 빈터만 있는 맹지나 마찬가지였다. 작가가 되기 위해서 나는 새집을 지어야 했다. 그럴싸한 집을 만들기 위해 뼈대를 세운 뒤 예쁘게 페인트칠도 하고, 문패도 달아 작가가 사는 집임을 알렸다.

그다음 또 하나의 공사가 남았다. 원하지 않던 세컨하우스까지 지어야 한다니, 난감했다. 혀를 끌끌 찼던 그 '인스타' 가입 말이다. 블로그보다 저항감이 더 컸다. 나까지 이런 '관종짓'을 해야 하나, 가끔 치고 올라오는 부정의 자아와 한참을 싸워야 했다. 그럴 때마다 이곳은 내 책 홍보를 위한 모델하우스며, 나는 그곳 홍보부장으로, 최선을 다하는 중이라고 되뇌었다.

그때의 나는 내 책을 간택해 준 출판사를 위해서라면 영혼도 팔 기세였다. 전과는 아주 달라진 모습으로 태세를 전환했고, 그리 증오했던 일을 기세 좋게 하나씩 해내며, 그렇게 관종의 대열에 합류했다.

출간을 준비하며 나는 여러 번 다시 태어났다. 자신이 옳다고 생각하는 일에는 주저함이 없고, 한번 정한 일에는 후퇴가 없는 고집스러운 사람이었는데. 책을 쓰고, 출간하면서 후퇴는 밥 먹듯이 하게 됐고, 의견을 번복하는 일 또한 전공이 되었다. '절대 안 해'라는 말은 입에 함부로 담지 않는 진중하면서도 유연한 사람이 되었다. '절대'라고 한정 짓는 순간 새로운 삶이 열리는 기회를 차단하게 된다는 것을 알았기 때문이다. 출간하고 절대 하고 싶지 않은 일을 함으로써 절대 일어나지 않을 일이 일어났다.

절대 하지 않겠다는 블로그와 인스타를 하게 되면서, 작은 내 집은 사람들에게 '교사 작가'가 사는 집으로 소문이 났다. 가끔은 우편함에 강의 의뢰나 독자의 편지 등 좋은 소식이 날아들면서 조금 다른 삶의 기회가 찾아왔다.

출판사에서 왜 그렇게 온라인에 자가가 있느냐고 물었는지 이해가 갔다. 글만 쓰는 작가는 없다. 자기 출판시기 아니고서는 말이다. 온라인 집짓기를 하면서 많은 감정에 휩싸였다. 이런 쌍방향 시대에 살고 있으면서, 너무 한 방향으로만 걸었다는 것, 자라나는 아이들을 가르치면서 너무 꽉 막힌 삶을 살았구나! 하는 자책이 밀려오는 순간이었다. 아무것도 모르고 백면서생으로 살아온 참 한심한 내 인생이었다.

교사일 때도 작가가 되고 나서도 여전히 사생활 노출이 편치 않은 1인이다. 학교에서 나대는 아이들을 흔히 '관종'이라고 놀리는데, 어찌 보면 내가 온라인상 그렇게 살아가고 있는 셈이다. 다른 세상에 들어가 보니 조금은 알겠다. 살아남기 위해서는 자신을 드러내고 자신의 강점을 홍보해야 한다는 사실을. 그래서 관종 짓 할 때는 또 해야 한다는 것을. 자신을 내보여야 할 순간이 되었으니, 이제 더는 은자로만 살 수 없는 일 아닌가.

처음 책을 쓰고 작가로 등판할 거라면 극 I형 인간이라도 이제는 좀 나대야 한다는 사실을 받아들여야 한다. 나의 멋진 글을 알아봐 줄 독자의 눈에 띄기 위해서 말이다.

## 세상에 알려진다는 것

"여기 보세요. 스마일, 편하게 한 번 더!"

사진 기사의 셔터가 연신 나를 향해 터졌다. 어색하지 않으려고 입꼬리를 올릴수록 더 이상해졌다. 이 시점에 살은 왜 이렇게 쪘는지. 부자연스러운 팔놀림, 살과 밀착된 재킷이 불편하기 짝이 없었다. 이런 식으로 가다가는 몇 해 전 찍은, 세상 경직되어 현상 수배범처럼 나온 여권 사진이 재현될지도 모를 일이었다. 정신을 바짝 차리고 사진 기사님이 하라는 대로 방향을 틀기도 하고, 연신 어색한 미소를 뿜어내며 작가 프로필 사진 찍기 미션을 끝냈다.

지금껏 찍어본 사진이라곤 매년 학교에서 찍어주는 졸업 앨범에 들어갈 증명사진이 다였다. 그것도 내 얼굴보다 더 못생기게 결과물이 나왔던, 사진 기술이라곤 1도 찾아볼 수 없었던 참담한 장면이 담긴 그 사진 말이다. 그나마 봐줄 만한 옛날 사진을 만지작거리는 찰나 지금과는 좀 차이가 나지 않느냐는 엄마의 확인 사살에 집어 들었던 사진을 슬며시 서랍 속으로 넣고는 드디어 어떻게든 되겠지, 하며 큰 용기를 낸 것이다. 이제부터 작가로 살아야 한다면 더 이상 피하는 일은 그만

두자는 생각으로 저지른 과감한 행동은 그 뒤에 벌어질 사건의 실마리가 되었다.

 책을 출간하기 전에 작가는 진짜 글만 쓰면 되는 줄 알았다. 그런데 얼마 되지 않아 그런 생각은 순진한 바보나 하는 것이라는 걸 깨달았다. 출간 전부터 출판사에서는 생각하지도 않았던 온라인 서점에 등록할 작가 사진을 달라고 했다. 애초에 무작정 책을 쓰고 싶었던 거지, 작가가 되고 싶었던 건 아니었다. 더더욱 온라인에 사진을 도배하는 건 평생 해본 적도 없는 괴상한 생각이었다. 내면 깊숙이 소심하면서도 귀차니즘까지 잔재되어 있던 나는 내 얼굴을 내세워 세상에 출사표를 던지냐 마느냐 선택의 기로에 놓였다.

 작가 프로필 사진은 단돈 5만 원이었지만 그 후로 그 값보다 큰 역할을 하며 여러 곳에 내 얼굴을 알리고 다녔다. 사실 그때 사진은 원래 몸무게보다 더 많이 나갔던 때라 사진관에서 해준 수정도 불어난 내 외형을 가려주지 못했다. 이 사진이 그대로 세상에 뿌려졌다가는 지인들의 전화를 수도 없이 받을 것이 뻔한 일이었기에 현대 기술을 이용하여 어깨 좀 깎고 얼굴도 광나게 했다. 그나마 봐줄 만한 수준이 되었다. 역시하며 사람들이 나의 보정물에 찬사를 보내는 순간, 나 또한 현대 기술에 박수를 보냈다.

 이러한 세공 과정을 거쳐 내 얼굴 사진은 세상에 던져졌다. 온라인 인물 등록을 마치고나니, 하루아침에 인터넷 검색창에 이름을 치면 얼굴까지 나오는 사람이 되고야 말았다. 진정 이렇게 되면 곤란한 일이었다.

어느 날, 늦게 귀가한 남편이 내게 하는 말 "자기! 네이버에 얼굴 나오냐? 친구가 봤다던데?" 이런~젠장! 우려했던 일들이 벌어지고 있었다. 그 후로 남편의 친구, 학교 아이들 거기다 선생님들까지 내 이름을 검색하며 진짜 작가인지를 확인하는 수순을 밟았다. 이 소식을 직접 두 귀로 듣고 나서야 언젠가 첫사랑이 온라인에서 나를 찾아볼까 봐 혼자 걱정하던 밤도 쿨하게 날려 보냈다. 이미 내 손을 떠난 일, 그냥 박제된 얼굴로 늙지만 말아다오 체념하면서.

저자 프로필 사진을 찍은 후 3년이 지난 지금도 나는 그때 그 모습 그대로 온라인상에서 미소 짓고 있다.

작가라는 직업은 글을 쓰는 사람만이 아니라 대중에게 얼굴도 내보여야 하고, 결국엔 자신의 삶을 보여주는 사람이어야 한다. 세상에 알려진다는 건 누구든 어떤 직업이든 참 부담스러운 일, 그러면서 조금은 낯설고 설레는 일, 내 얼굴과 이름을 걸고 책임감을 느끼는 일일 거다. 그래서 내 의지가 아니어도 잘 살아야 한다.

내 비록 유명 작가는 아니지만, 온라인 서점이나 포털 사이트에 이름만 쳐도 이리 검색되니 이제 순순히 그 대열에 합류하기로 마음을 먹었다. 온라인 사진 속 얼굴은 세상 밝게 웃고 있지만 어째 발걸음은 더

무거워졌다.

 작가로 산다는 건 교사랑 비슷한 무언가가 있다. 연예인인 듯 아닌 듯, 공적인 듯 사적인 듯. 그래도 이름값 하기 위해 오늘도 '답게' 살아 보려 한다.

## 다시는 쓰지 않겠다는 거짓말

"네가 쓴 글은 슬픈 내용을 잔뜩 늘어놨지만, 하나도 슬프지가 않구나."

고교 시절 국어 선생님 입에서 튀어나온 칼날 같은 말은 문학소녀를 꿈꿨던 어린 소녀의 가슴에 깊게 박혔다. 요즘 책상에 앉아 글을 쓰고 있을 때면 가끔 그때의 내가 생각난다. 선생님 충고에 얼굴을 붉힌 채 아무 말 못 하고 달아나던 나, 그 길로 더는 교무실에 가지 않았었고, 다시는 글 쓰는 흉내조차 내지 않았다.

그때의 나는 뭐가 그토록 힘들었던 것일까? 지금이라면 너스레를 떨면서 '선생님 다시 써오겠습니다. 충성!'하고 갔을 텐데. 그 사건으로 나는 마음속으로 절필을 선언했고, 어른이 된 나이가 차고 넘칠 때까지 글과 관련된 어떤 일도 내겐 일어나지 않았다. 그리고 책 쓰기를 시작한 이후에야 이 사건의 잔재가 스멀스멀 수면 위로 다시 떠올랐다.

살아보니 삶은 취사선택의 연속이다. 무엇을 선택하느냐에 따라 그 결과도, 운명도 달라진다. 변명하고 도망치는 자에게는 시작만 있고 끝은 없다. 포기하지 않고 직진하는 사람에게는 그게 무엇이든 남게 되는 이치를 그때 알았더라면 난 도망치지 않았을까?

 고등학교 때 내게 글쓰기는 상대를 향한 증오와 불만을 품은 채, 포기로 남았다. 그러나 조금 성숙해진 지금의 글쓰기는 그때의 어린 나보다 호기롭고 겸손하다. 하기 싫은 것도, 듣기 싫은 말도 잘 참으면서 부단히 연습한다. 글쓰기에서 중요한 것은 처음 가진 재능보다는 끝까지 가는 끈기라는 것을 삶으로 배웠기 때문이다.

 마부작침(磨斧作針)이란 고사가 있다. '도끼를 갈아 바늘을 만든다'는 뜻이다. 당나라 시인 이백이 공부하기 싫어 산에서 내려오던 중 시냇가에서 도끼를 갈고 있던 할머니를 만났다. 포기하지 않고 도끼를 간다면 언젠가는 바늘이 될 거라는 노파의 말에 큰 깨달음을 얻었고, 하산하던 이백은 그 길로 다시 공부 길에 올라 대문호가 되었다. 책 쓰기를 하면서도 항상 이 내용을 기억하려 한다.

 헉! 감정에 따라 글쓰기를 포기하지 말자고 말하려는 순간, 보지 말아야 할 것을 보고 말았다. 괜히 심심해서 인터넷 검색창에 내 책을 검색해서는 그만 어린 독자의 날 선 비평을 보고야 말았다. 기분이 영 찝찝한 게 글쓰기 욕구가 지하 100층으로 쑥 내려갔다.

 '네가 어려서, 인생 경험이 없어서 이해를 못 하는 거지'라고 속으로 천만번 욕했다가, '그럴 수 있지. 입장이 다르니까' 독자의 입장이 되어

보았다가, 더 신중하게 글을 써야겠다는 다짐을 거듭한 뒤, 이제 책은 그만 써야겠다는 생각까지 마음이 왔다 갔다 했다. 결론은 그날 글쓰기 욕구는 저세상으로 갔다. 아무리 써도 신이 안 나고, 원고에 손을 가져다 대는 순간 자꾸 귓전에서 맴맴맴, 그 후기만 떠올랐다. 급기야 '아니, 그렇게 욕할 거면 일기장에 쓸 것이지. 왜 남들 다 보는 블로그에 올리고 말이야…' 또 혼자 중얼대면서 이랬다저랬다 정신이 오락가락하는 중이다.

글쓰기를 넘어 책을 쓰다 보면 여러 가지 난관에 부딪힌다. 재능이 없음에 자책 한 번, 글이 내 맘대로 써지지 않을 때 좌절 또 한 번, 책이 나오고 반응이 좋지 않을 때, 거기다 글이 형편없다고 스스로 느낄 때 드디어 머리가 마비된다. 그럴 때마다 제정신을 찾기란 참으로 힘이 든다.

'어린 시절 나는 그래서 쉽게 마음이 꺾이었구나!' 그때의 나를 마주한 순간이었다. 책을 쓰면서 나는 내 안에 숨어있는 수많은 나를 만났다. 어리숙한 겁쟁이, 부족하고 나약한 여린 소녀, 강하고 따뜻한 나까지. 내 인생 어딘가 숨어있었던 장면과 예상치 않은 감정을 만나면서 나는 점점 더 어른이 되어간다.

지난날 절필을 선언했던 그 소녀는 엄청난 시간을 돌고 돌아서 중년의 나이가 되어서 다시 글을 쓴다. 이제는 그보다 더 단단한 마음으로…. 여전히 글을 쓰는 일은 어렵지만 도끼가 바늘이 될 때까지 쓰고 또 써보려 한다. 완생의 시일이 언제가 될지 모르나 펜대를 갈고 닦아 날카로우면서 다정한 문필가가 되도록 말이다.

　달력을 보아하니 빨간날 연휴다. 왠지 손이 근질근질해서 또 컴퓨터 자판을 두드리며 글을 쓰고 있다. 책 쓰기를 하면서 좌절과 상처로 가득한 날 투성이지만, 이 모든 것을 이겨내고 강한 정신력으로 오늘도 나는 또 쓴다. 글 잘 써지는 날을 만나면 언제 그랬냐는 듯 바보같이 기분이 다시 좋아지는 걸 보니 쓰면서 깊게 패인 상처도 순간의 기쁨으로 잊히나 보다.

## 딱지 부자의 꿈

진작 잠자리에 누웠으나 이리 뒤척 저리 뒤척, 도무지 새벽까지 잠이 오지 않았다. 월요병도 아닌데 책 출간 이후 생긴 못된 병 때문이다. 그 녀석은 매일 다른 숫자로 옷을 갈아입었다. 그에 따라 내 감정 기복도 널뛰듯 했다. 온라인 서점에 게시된 책 아래 박혀있는 아주 작게 보이는 숫자, 평소에는 보이지도 않아서 신경도 쓰지 않았던 그것, 바로 판매 지수이다. 하루에도 몇 번씩 판매 지수를 확인하는 일 때문에 내 곱디 고운 얼굴은 몰골이 되어갔다.

첫 책을 출간하고 거의 매일 새벽 온라인 서점에 들어가 판매 지수를 확인했다. 숫자가 바닥에 곤두박질치는 것을 끝으로 그만두었지만, 루틴도 없는 내게 그 습관은 3년이나 이어졌다. 그 녀석은 단지 숫자일 뿐이었지만 어찌나 살벌한지 졸린 눈마저 뜨게 하는 강력한 힘을 지니고 있었다. 어쩔 땐 환호성으로, 어쩔 땐 저조한 기분으로 아침을 맞이했으니 그 위력을 알만하다.

베스트셀러가 반드시 잘 쓰인 책은 아니라고 딱지를 걸어보지만, 판매 지수가 높아야 베스트셀러 딱지가 붙으니, 작가라면 결코 무시할 수 없는 타이틀이다. 출판계약서에는 분명히 작가가 '갑'이라고 되어 있는데, 출간한 순간부터 나는 속시원하게 판매지수 한번 빵하고 터트리지 못하고 출판사 눈치를 보는 '을'의 처지에서 쫄보로 살고 있다.

 책은 나오는 게 중요한 게 아니라 출간 이후 잘 팔리게 하는 것이 더 중요하다. 책을 출간해 준 출판사를 위해서 뭐라도 해야 했고, 내 책이 창고에 누워있거나 절판되지 않기 위해서 작가는 그 무엇이라도 되어야만 했다.

 맹자의 어머니는 맹자의 교육을 위해 여러 번 이사했고, 결국 맹자는 대학자가 되었다. 작가는 '책만 잘 쓰면 되지 않나요?'라고 하는 사람은 앞으로 출간 작가가 된다면 이런 의미 없는 소리는 집어치우게 될 것이다. 오늘도 나는 출간 이후 최전방에서 내 책의 전투 상황과 안부를 살핀다. 자식 잘되길 바라는 마음을 담아 맹자 어머니보다 어쩌면 더 많이 이사를 했다.

 원고를 쓸 때는 출간하면 끝일 줄 알았는데, 이후의 홍보와 판매 지수라는 것이 늘 신경을 곤두서게 했다. 다시는 책을 내지 않겠다고 다짐하면서도 출간의 기쁨에 겨워 또 책을 쓰는 내 모습이란. 쯧쯧쯧.

 쓰고 싶은 마음 간절하나 책을 내고 싶은 뜻을 접는다면 그건 아마도 이 지긋지긋한 판매 스트레스가 한몫한 셈이다. 그럼에도 마음 한편엔 늘 '50만 독자를 내 품에'라는 아주 큰 야망을 품어본다. 좋은 책을 써서 전국 교사들의 추파를 한 몸에 받는 상상까지 하는 날에는 마음이 몰랑몰랑 한 게 이미 꿈을 이룬 듯한 기분이다. 그러기에 오늘도 또 쓰는 거겠지. 처음엔 좋은 책을 쓰고 싶은 것이 목표였는데 이제 잘 팔리는 책을 쓰고 싶다는 속내는 작가라면 받아들여야 할 숙명 같은 것이 되었다.

어릴 적 아들의 보물 상자에는 형형색색 딱지가 가득 들어 있었다. 그때는 몰랐고, 지금은 알게 된 딱지 부자의 표정과 여유. 그 상자의 주인인 아들은 동네 꼬마들과 어린 동생들의 동경 대상이었다. 딱지 주인인 것만으로 우리 아이는 멋진 형아로 불렸으니까.

어릴 때 열심히 했던 딱지치기를 나도 다시 시작해보려 한다. 치고 치다 보면 딱지 부자 아들처럼 상자 가득 베스트셀러, 스테디셀러의 빨강 파랑 딱지를 모으게 되지 않을까.

교사 임용 시험에 합격했을 때도 나는 내가 시험을 잘 봐서 붙은 거로 생각하지 않는다. 시험은 그전에도, 그 그전에도 잘 봤는데도 불구하고 난 여러 번 떨어졌다. 그래서 깨닫게 된 이치, 모든 것은 합이 들어맞는 때가 있다는 것. 그때 자신의 때가 온다는 것도 말이다.

책을 쓰는 지금도 그 시운이란 것을 믿는다. 쓰고 쓰다 보면 그 시간의 합이 딱 맞아떨어질 때가 올 것이다. 언젠가는 내 생애 최강 딱지 부자가 되어 아들과 한판 뜰 날을 기다린다. '내 시작은 미약하나 그 끝은 창대하리라'는 그분의 말씀까지 더하며, 아멘!

오늘도 찰지게 딱지치기할 고급 딱지를 모으기 위해 열일하는 중이다.

 어떻게 쓰면 되나요?

## 2장

## Check List

- ✓ 임전무퉤퉤퉤
- ✓ 이보다 좋을 순 없다
- ✓ 골든타임보다 블루타임
- ✓ 엉덩이로 쓰기
- ✓ 글을 발로 썼느냐고 물으신다면
- ✓ 골방에서 피어난 상상
- ✓ 쓰는 비결은 단지 쓰는 것이다
- ✓ 웬만하면 빼세요
- ✓ 혼자가 안 된다면 같이
- ✓ 마침내 꽃이 핀 순간

# 임전무퉤퉤퉤

"2021년 7월 31일, ○○출판사에서 출간하기"

21년 새해, 나는 무엇에 홀린 듯 잡화점에서 산 싸구려 칠판에 버킷리스트를 적었다. 그리고 시작된 밑도 끝도 없는 책 쓰기의 시간, 그때의 나는 자물쇠 없는 골방에 갇혀 하루도 빠짐없이 글을 쓰기 시작했다. 마치 전쟁에 참가한 병사처럼 승전고를 울리기 전까지는 후퇴는 없을 것 같은 이글거리는 눈빛과 야망에 가득 찬 가슴을 안고, 무언가 당장이라도 될 것처럼 말이다.

'하루에 한 꼭지 쓰기 전까지는 바깥에 나가지 않는다.'

그때 했던 야심 찬 나의 다짐이었다. 그 한마디로 멀쩡했던 내가 글쓰기 폐인이 될 상상도 하지 못한 채, 출간을 목표로 한 40일 동안의 글쓰기 시간은 그야말로 나와 혈투를 벌이는 격전의 여정이었다. 정신을 겨우 차리고서 글을 쓰겠다고 주둥이를 함부로 놀린 나를 자책하고 또 자책했지만 물러서기엔 전투는 이미 시작되었다.

거창한 계획을 세웠건만 다짐만으로는 한 글자도 쓸 수 없었던 날, 전투 상황은 휴전이었다가 정전이었다가, 어느 날은 패잔병 신세로 처량하기까지 했다. 글 쓰러 가는 길목마다 많은 장애물을 넘고 넘으면서, 도대체 내가 뭘 이루겠다고 이렇게까지 애쓰고 있는 걸까, 수많은 생각이 머릿속에 떠올랐다 스러져갔다.

쓰라는 글은 안 쓰고 커피를 여러 번 홀짝거린 뒤, 애꿎은 책상 정리를 열심히 하는가 하면 다시 집안을 어슬렁거렸고, 블로그나 인스타 구경에 나섰다가 그 일을 여러 번 반복한 뒤에야 컴퓨터 자판에 겨우 손을 가져갔다. 날마다 글쓰기 저항감과 싸우는 나를 마주할 때면 '총 맞은 것처럼'의 가사가 자연스레 떠오르곤 했다.

그래도 며칠 후에는 일 보 전진, 흔적을 조금 남길 만큼 써 내려갔다. 그리고 다시 멈춤과 직진을 반복하며 원고 페이지는 채워졌다. 어느 날은 손가락이 신들린 것처럼 마구 춤추는 듯해서 내 재능에 스스로 감탄하기도 했지만, 이런 날은 거의 없다는 것이 함정이다. 어떤 날은 털썩 주저앉아 한 글자도 쓰지 못하는 날도 있었으니, 글을 쓰는 동안 나는 늘 무능함에 자책했고 집안 곳곳을 하릴없이 빙빙 도는 것은 주특기였다. 그래도 어쨌거나 '하루라도 글을 쓰지 않으면 나가지 않는다'는 그 말에 발목 잡혀 써 내려간 원고 뭉치는 어느새 수북한 책의 분량을 흉내 내고 있었다.

대학교 때 내가 공부하는 모습을 본 친구들은 하나같이 '독한 x'이라는 표현을 자주 했다. 목표가 생기면 돌진하고 몰입하는 내 모습 때문이었다. 이런 동물적인 본성은 책 쓰기에서도 여지없이 발휘되었다.

40일 동안 하루도 빠지지 않고 쓰기, 자정 넘기지 않기, 쓰지 않는 날은 외출하지 않기, 외출해서도 8시 전에는 들어오기 등 전후방 압박시스템으로 철저한 관리를 받았다. 누구한테? 바로 그 때 첫 책 쓰기에 미쳐있었던 정신 나간 나한테 말이다.

신데렐라도 아닌데 12시 종이 칠까 봐 두려움에 벌벌 떨며. 자정이 되기 전 한 꼭지 원고가 완성되지 않으면 호박 마차도, 유리 구두도 없어질 것처럼 하루하루 아슬아슬한 줄타기는 오랫동안 이어졌다. 책을 쓰는 동안 머리에 광선이 꽂히는 듯 찌릿찌릿, 시력은 흐릿해지고, 심장이 따끔따끔 오만가지 증세가 두드러기처럼 스멀댔다. 그렇게 후퇴 없는 40일 만의 전투를 끝내는 순간, 저 멀리서 승전의 북소리가 들려왔다. 초고를 완성한 바로 그 날이었다.

내 버킷리스트에서 시작된 소리 없는 전투는 그렇게 끝이 났다. 하루도 쉬지 않고, 한 번도 쥐어본 적 없는 총칼을 휘두르며, 나는 적진을 향해 한 발짝씩 움직였다. 마침내 손에 쥔 전리품은 적장의 목이 아닌, 바로 한 권의 책이었다.

처음 책을 쓰고 싶은 당신이라면, 아니 교사로 살면서 한 번은 써 내려가야 할 것이 있다면 전장에 출정한 장수처럼 쓰면 된다. 조금은 독한 마음을 가지고 시작해 보기를, 그리고 시작했으면 목표를 이룰 때까지 단 하나의 생각만 하며 후퇴는 없는 '임전무퇴'의 정신으로 한바탕 싸워보기를.

승리의 기쁨도 잠시, 전쟁의 피로가 몰려온 나는 '이제 다시는 책은 안 쓰련다' 하며 허공에 '퉤퉤퉤'하고 굳게 맹세했더랬다.

## 이보다 더 좋을 순 없다

학교 메신저를 지긋이 응시한다. 커서가 깜빡깜빡 제자리걸음이다. 기분 탓일까? 누가 보더라도 내가 보내려던 글에는 날이 바짝 서 있었다. 글을 읽는 사람의 눈을 나고 가슴에 상처를 입힐 못된 글이었다. 보는 사람은 내내 기분이 나빠질 게 분명했다.

아니나 다를까 옆자리에서 지켜보던 선배가 고심하던 내 메신저의 글을 보고는 나답지 않은 글이라고 조언을 건넸다. 언젠가 글쓰기 스승님은 야생적인 나의 글을 보고, 감정에 치우친 글은 독자를 잃을 수 있다는 조언으로 내 거침없는 글을 잠재우셨다. 그때 상황을 또 맞닥뜨렸다. 지우고 다시 쓰고, 고치고 또 쓰기를 여러 번 한 뒤에야 글에 평화가 찾아왔다. 쌓였던 화가 누그러진 만큼 상대방에 대한 이해도 스며들었다. 그렇게 전송된 메시지는 사람들의 마음에 부드럽게 내려앉았다.

사실은 학교 일에 불만이 많은 사람들에게 문장에 칼날을 달아 마구 휘둘러주고 싶었다. 글을 통해 분풀이가 아닌 화풀이를 하고 싶었는지도 모르겠다. 그랬더라면 당장 후련했겠지만, 많은 동료들을 잃었을지도 모른다. 그런 글은 일기장에 쓰면 될 일을, 굳이 사람들을 향해 날릴 필요는 없었다. 푸념이나 넋두리로 글을 이용하는 순간 문장은 어느새 빛을 잃고, 감정은 정화되기는커녕 후회만 남을 뿐, 결국은 감정 조절 하나 못하는 하류 작가에 머물렀을지도 모를 일이다.

그 후로 나는 메신저를 글쓰기 발판 삼아 작가 놀이를 시작했다. 때론 유쾌하게 때론 다정하고 재치 있게 나만의 문체를 굳혀가며 작가인 척 신나게 글을 썼다. 물론 감정 섞인 글로 상대를 비난하거나 공격하는 글 따위 보내는 일은 이제 시도하지 않는다. 답글을 받은 사람들은 저마다 "역시 작가님은 다르다며" 입에 발린 칭찬을 했고, 그 말이 모두 진실이 아닐지라도 싫지 않은 그 기분을 오래도록 누리고 싶었다. 작가를 꿈꾼다면 작가처럼 말하고, 작가처럼 가르치고, 작가처럼 쓰는 연습을 하면 된다. 감정보다는 감성 있게, 장문의 알맹이 없는 글보다는 핵심 있고 임팩트 있는 글쓰기로, 독특한 나만의 글을 연습하면서 예의 바르면서도 다정한 자세로 동료들과 나누면 이보다 더 좋을 수 없다.

책을 써보니 그동안 학교에서 해왔던 모든 글쓰기는 책 쓰기의 기본이 되어주는 소중한 자산이었다. 50페이지 넘는 논문과 연구대회 보고서, 울며 겨자 먹기로 억지로 썼지만, 어쨌든 써냈다. 학교 각종 계획서나 보고서도 결과와 상관없이 매년 써야 한다. 생활기록부도 역시나 그렇다. 이처럼 눈치채지 못했겠지만, 학교생활 거의 모든 것은 쓰기다. 그러니 어차피 해야 할 일, 수련하는 초보 작가로 자세를 가다듬고 작가처럼 해당하는 내용을 매년 쓰면 될 일이다. 이렇게 쌓인 쓰기의 시간은 결국 글쓰기 자산이 된다. 학교생활을 하는 동안 부지불식간에 수많은 글쓰기 통로를 만나게 된다는 것을 알아차린다면, 책 쓰기가 조금은 쉽게 느껴질 것이다.

 명예퇴직하신 부장님은 퇴직하면 글을 써보겠노라고 공언했고, 그 후에 좋은 노트북도 마련했다고 했다. 그러나 현직에서 떠난 이후에는 안전하고 평온한 일상이 어떤 자극도 줄 수 없었다고 고백했다. 그리고 가르쳤던 것이 평생 했던 일이었는데 아주 먼일처럼 아무것도 기억나지 않는다고도 했다. 선배의 말을 들을 당시 나는 적잖이 충격에 빠졌다. 퇴직하고 마음 편하게 책을 쓰면 더 잘 써질 줄 알았는데 그것도 아닌 모양이다. 어찌나 김빠지는 소리였던지, '아! 글을 써도 학교는 역시 계속 다녀야 하는 것인가?' 하면서 오랫동안 하늘을 올려다보았지 말이다.

 언젠가 그만두더라도 학교에 있는 동안 꼭 해보고 싶은 일이 하나 있다. 김용택 시인의 『교단 일기』를 읽었을 때의 감동과 재미는 아직도 잊히지 않는다. 책장을 덮으며 나도 이런 것 한번 써봤으면 소원이 없겠다고 생각했는데, 어찌 내 원고는 앞으로 나가지 않고, 여전히 일상의 피곤함에 패배한 나는, 쓰러져 자기에 바쁘다.

 수업에 가장 소중한 장면, 아이들이 가장 빛나는 순간, 너무 엉뚱해서 웃음이 터져 나오는 찰나, 마음으로만 담기에는 벅차서 입 밖으로 내고 싶은 이야기들이 학교에는 너무도 많다. 아이들을 만나는 순간,

학교의 모든 일은 글감이 되고 책 속 한 페이지가 된다. 보물창고에 쌓인 보석들을 끄집어내어 먼지를 털어내고 어서 반짝이는 모습으로 세상에 내보이고 싶다.

 교사로 살지만, 작가의 시선을 가져간다면, 현직에서 글쓰기는 이보다 더 좋은 곳이 없다. 거기다 한해마다 성장하는 교사 삶을 통해 저장된 필력은 어쩌면 당신을 불현듯 교사 작가로 만들어줄지도 모를 테니까.

## 골든타임보다 블루타임

 방학 동안 가장 하고 싶었던 일, 눈이 떠지는 대로 늦잠을 제대로 자보는 것이었다. 드디어 방학이 왔다. 어쩌자고 또 물색없이 이리 새벽같이 눈이 떠진단 말인가? 눈치 없이 몸이 기억하는 아침 시간, 일어나도 딱히 할 일이 없어 빈둥대면서 아침 시간을 보낸다. '격하게 아무것도 하고 싶지 않다'던 어느 광고의 모델처럼 이런 시간을 얼마나 기다렸던가. 이렇게 격하게 쉬고 싶었다.

 점심시간, 식사를 하는 둥 마는 둥 느린 걸음으로 거실을 어슬렁거렸다. 학교에서 내 발걸음은 포탄을 피해 도망치는 피난민처럼 그리도 재더니만 그런 모습은 온데간데없다. 세상 부러웠던 나무늘보를 자처하며 소파에 툭 하니 엉덩이를 떨구고 앉아 리모컨을 이리저리 돌린다. 재밌는 게 없다. 해외는 못 가니 '걸어서 세상 속으로' 프로그램에 빠져 세상 구석구석 돌아다녔다. 피곤하다. 헉 새벽같이 일어나서 앉았는데 벌써 오후 3시가 다 되어간다. 몇 시간이면 저녁이 되고, 또 하릴없이 밤이 되고 잠자리에 들 것이다. 비슷한 패턴의 일상을 보낸 끝에 오는 죄책감, 넘쳐나는 시간을 어쩔 줄 몰라 마구 흘려보내면서도 그 시간이 마냥 좋아 계속 그렇게 행동하는 나. 그런 상태로 방학 절반을 보낼 것

같은 예감은 언제나 적중했다.

 그렇게 방학만 되면 인생 다 산 사람처럼 굴었다. 이 시간이 아니면 아픈 몸이 회복이 안 될 것만 같아 정당성을 부여하기에 바빴다. 지친 몸을 부여잡고 평안을 베개 삼아 집이라는 동굴 속에서 긴 겨울잠을 청했다. 이런 생활은 방학을 맞이하는 매년 오래도록 지속되었다. 그리고 다시 맞이한 2학기 문턱에서 허탈한 마음을 만나곤 했으니, 허비한 시간이 무려 20여 년이 넘었다. 돌이켜보니 그동안 내게 방학은 다시 소생하기 위한 골든타임이었다.

 책 쓰기를 만나면서 이렇게 허무하게 지나갔던 방학은 창작의 시간으로 재탄생했다. 그동안 무작정 쉬기만 했었는데, 책 쓰기 목표를 세우고 미래를 설계하면서 다시 심장이 뛰기 시작했다. 방학을 나만의 블루타임으로 되찾은 때부터였을까? 7월 초부터 손가락이 간질간질한 것이 마구 쓰고 싶은 충동이 일었다. 한껏 글쓰기를 위해 부팅되었던 몸과 마음은 방학 시작과 함께 '요이땅'을 외치며 출발신호에 맞춰 신나게 달리기 시작했다.

 눈뜨자마자 어떤 글을 쓸까? 오늘 하루 한 꼭지 글을 끝내야 할 텐데. 머릿속이 온통 글 쓰는 생각으로 가득 찬다. 학교 다니는 전쟁 같은 시간보다 방학은 마음에 여유가 있다는 것이 글 쓰는 욕구를 끌어올렸다. 그저 주어진 시간에 생각하고 쓰기만 하면 될 일이다.

넘쳐나는 시간의 늪에 빠져 빈둥댔던 지난날 한량과는 다른 나를 만날 수 있었다. 걸을 때도 먹을 때도 온통 글 쓰는 생각뿐이다. 이렇게 한 달을 보내고 나면 운이 좋으면 대개는 초고를 완성했다. 두 번의 방학은 초고를 쓰고 출간하기에 충분한 시간이다. 인고의 시간을 견뎌내면 책 쓰기 위해 몰두한 어두운 방구석에도 새벽은 늘 찾아왔다. 햇살에 눈 질끈 감으며 해냈다는 충만감을 느낄 때의 짜릿함과 자유로움이란….

여름방학 새벽, 일어나지도 않을 시간에 자연스럽게 책상에 앉아 컴퓨터 자판을 두드린다. 이제는 무던처럼 초고 쓰기에 집중하고 있는 나, 아침 시간에 '아침마당'이나 보면서 정신 나간 사람처럼 입 벌리고 웃고 있는 나였는데 말이다. '새벽에 글쓰기는 무슨?'이라고 했던 내가 일어나자마자 책상에 앉아서 글 쓰고 있는 모습이라니. 믿을 수 없는 내 인생 새벽 풍경이다.

책을 쓰기 시작한 21년부터 방학은 읽고 쓰기의 단순한 삶으로 정리되었다. 여행을 안 가도 쓰고, 여행을 가서도 쓴다. 쓰고 싶어서도 쓰고, 쓰기 싫으면서도 쓴다. 이제는 무언가 끄적거리며 그냥 쓴다. 사실 책 쓰는 일은 즐거움보다는 고통이 더 크지만, 그 일을 하지 않으면 난 또 소파에 누워 티브이 채널을 돌리며 해죽해죽 웃다가 잠들 테니, 조금은 인간답게 살아보려는 내 고상한 의지라고 생각해 주면 좋겠다. 그러니 좋든 싫든 교직 생활을 하는 동안은 계속은 아니더라도 간간이 이 일을 이어갈지도 모르겠다.

이십대에 교직에 입직해 지금까지 바쁘지 않은 날이 없었다. 그때 생각으로는 시간을 훌쩍 넘어 지금의 나이가 되면 조금은 덜 바쁘고 더 편할 줄 알았는데, 여전히 바쁘게 열일하는 나. 아마 마치는 날까지 그 사실은 변함이 없을 듯하다.

『회남자(淮南子)』「설산편(說山訓)편」에서는 '배우는데 시간이 없다고 말하는 사람은 시간이 있어도 하지 못한다.(謂學不暇者 雖暇不能學矣)'라고 했다. 그러니 이제는 시간 탓하며 인생을 허비하지 않아야 할 타이밍이다. 바쁜 계절이 잠시 교차하는 방학 동안에는 책 쓰기로 나만의 블루타임을 보내려 한다. 그렇게 차곡차곡 쌓인 시간을 지나고 나서 그 뒤에 따라오는 인생도 에메랄드빛 바다처럼 눈부시고 찬란하게 빛날 테니까. 내게 주어진 특별한 시간 속에서 오늘의 쓰는 나를 응원한다.

# 엉덩이로 쓰기

"봄이 그렇게도 좋냐, 멍청이들아. 벚꽃이 그렇게도 예쁘디, 바보들아~"

라디오에서 나오는 노래를 따라 부르다. 무심코 "예, 저 멍청이입니다"하고 대답해 버렸다. 당장 떠나야겠다고 마음먹은 순간, 어느새 서울역, 언제 와도 설렌다. 떠나는 사람들로 가득한 공간에 있다는 것만으로도 벌써 여행 기분에 흠뻑 빠졌다. 많은 인파를 요리조리 피해 겨우 기차에 몸을 싣고 강릉으로 가고 있다. 드디어 눈에 보이는 푸른 바다, 가슴이 뻥 뚫린다. 그저 아무것도 안 하고 바다만 바라봐도 행복하다 싶었다. 잰 걸음으로 향한 다음 목적지는 제주다. 갑자기 제주의 봄바람이 코끝에 맴돌아서 황급히 열 일 제쳐두고 항공권을 끊었다. 유채꽃 머금은 바람을 온몸으로 맞으니 진짜 살아있는 느낌이다. 밤에는 막걸리 한잔 걸치면서 포근한 잠에 빠져들 테다. 아~ 얼마 만에 누리는 자유함인가!

봄바람을 타고 덩달아 가벼워진 내 엉덩이는 출판사에 보낼 원고 기한을 미루고 미뤘는데도 쓰라는 글은 안 쓰고, 자꾸 어디론가 떠날 궁리만 하고 있었다. 퇴고하는 동안 몸은 방구석에 있는데도, 마음은 백 번 천번도 더 강릉과 제주에 왔다 갔다 했다. 아! 언제쯤 상상이 아니라 진짜 놀 수 있을까? 한마디로 지금 상태는 퇴고 감옥에 갇혀 보이지 않는 끈으로 몸을 칭칭 감고 엉덩이를 붙여둔 꼴이다. 난 또 무슨 부귀영화를 보겠다고 이 좋은 날 책이나 쓰고 있는 것일까? 글 쓰느라 엉덩이 크기만 커지는 듯한 이 슬픈 현실.

숙제가 너무 많아 조금만 깎아달라고 흥정하는 아이들에게 공부는 손과 엉덩이로 하는 것이라며 훈계를 그리 잘하더구만, 어째 현실에서 나는 아이들만도 못한 건지. 하기 싫은 일 앞에서 엉덩이가 들썩거리다 못해 없는 사람마냥 안절부절. 예전엔 이렇지 않았는데 특히나 책 쓰기를 할 때 엉덩이를 붙이고 앉는 일이란 여간 힘든 일이 아니다.

교사 임용고사 준비로 한창 열공했을 때, 나는 어두운 독서실과 노량진 학원을 오가며 사투를 벌였다. 그렇게 삼 년이라는 긴 터널을 지나고서 합격할 수 있었다. 합격 요인은 여러 가지가 있겠지만 그중 하나를 뽑으라면 단연 무거운 내 엉덩이 덕분이었다. 그 시절 나는 최대 여섯 시간 동안 일어나지 않고 책만 보는 독한 고시생이었다. 무엇이든 읽고 쓰고 집어삼키며 꼭 합격하고 말겠다는 의지가 넘쳐나던 때였으니, 투지는 엉덩이에 전이되었고, 그 위력은 의자에 딱 달라붙어 쉬는 시간마저 허락하지 않았다. 그때 내가 한 일이라고는 공부가 되던 안 되든, 그냥 궁둥이를 붙이고 앉아 있는 일이었다.

책 쓰기도 마찬가지, '책을 어떻게 쓰셨어요? 원래 이렇게 잘 쓰셨나요?'라고 묻는 사람들에게 나는 가끔 '엉덩이'로 썼다고 우스갯소리를 하곤 했는데, 첫 책을 그렇게 썼기 때문이다. 책 쓰기의 기초도 일정한 시간에 엉덩이를 붙이고 앉아 있는 것에서부터 시작한다. 그렇게 기초를 다지고서야 반짝이는 눈빛과 떠오르는 영감을 만날 수 있다. 하나의 일을 성공시키기 위해서는 집중이 필요하고, 그 힘은 안정적인 신체와 고도의 정신력에서 발휘된다. 그것을 뒷받침해 주는 것은 바로 끈기 있게 앉아서 쓰는 힘이었다. 그렇게 '몰입'은 책 쓰기를 위한 필수 조건이다.

컴퓨터를 켜고 앉았으나 서핑의 파도를 타듯 휴대전화로 인스타를 구경하는 순간 두세 시간은 금방 지나가서, 자책감과 빈 종이만 나를 기다릴 때가 많았다. 그리고 컴퓨터 자판에 켜놓은 카톡 메시지… 쓸데없이 오지도 않는 연락을 주시하기도 하고, 괜스레 타인의 안부를 묻기도 한다. 글 쓰는 시간은 고작 한두 시간이 필요한데 헛짓하는 시간은 곱절의 시간을 훌쩍 뛰어넘는다. 그러면서 '아! 글 써야 하는 데 언제 쓰지?'라는 걱정과 푸념으로 또 내일을 맞이한다면 책 쓰기와는 영원히 안녕이다. 쓸데없이 소득이 없는 일들에는 엄청난 집중력을 발휘하지만 정작 해야 할 일을 할 때 그 힘은 약해진다.

세상에는 글을 쓰고 책 쓰는 일보다 재미있는 일이 너무나 많다. 한번 유혹의 늪에 빠지면 글쓰기와는 영영 멀어질 수 있다. 내가 아침나절부터 인터넷 숲을 걷다가 퀭한 눈으로 밤을 맞이한 것처럼 말이다.

앞서 말했지만 목표를 세웠다면, 환경을 단순하게 하고, 오로지 하루 한 꼭지씩 쓸 때까지는 일어나지 않는 습관을 길러야 한다.

 논어 「술이편」에서 공자가 섭공에 관해 이야기할 때 발분망식(發憤忘食)이라는 말로 칭찬했는데, 이는 '알지 못하면 분하여 밥 먹는 것도 잊어버린다'는 뜻이다. 무엇인가 목표를 두고 성공하려면 지금 하는 일이 무엇인가에 대해 잊을 정도로 몰입해야 한다. 지금 써야 할 이유가 있는 당신이라면 우선 엉덩이를 붙이고 앉아라. 한 편의 책이 완성되었을 때 밥 먹는 것도 잊고 글쓰기에 몰두한 아름다운 자신을 만나게 될 테니, 그렇게 한 권이 책을 자기 손에 넣었을 때 강릉 가는 기차든, 제주 가는 비행기를 타는 일은 그때 해도 늦지 않다.

## 글을 발로 썼느냐고 물으신다면

저벅저벅, 졸린 눈을 비비고 오늘도 역시 걷고 있는 나. 이것은 걷는다기보다는 필시 끌려가는 것이 맞을 것이다. 발은 앞쪽 저만치 가고 있는데 정신은 봉통하여 뒷걸음 질 치고 있으니, 학교에서 퇴근하고 걷는 내 모양새는 목줄만 안 매었지 거의 잠에 취한 강아지 수준이다. 애들 말로 개 피곤하다. 언제쯤 내 인생은 신생아에서 벗어날까 푸념 섞인 소리가 절로 나온다. 그래도 오늘도 내일도 걷는 이유는 이것이 나를 위한 유일한 '기도 시간'이기 때문이다. 마음을 비우고, 오늘을 성찰하며, 비로소 인간다워진다. 걷기를 통해서 심신뿐만 아니라 학교생활에서도 여러 번 다시 태어났다.

'모든 위대한 생각은 걷기에서 나온다.'

칸트의 명언은 책 쓰기 난관에 부딪힐 때도 언제나 답을 제시해 주었다. 학교생활에서 아이들 걱정, 수업 고민이 있을 때, 인생사 이리저리 흔들릴 때도 걷고 나면 이상하게도 새로운 길이 열렸다. 지금 쓰고 있는 이 책뿐 아니라 쓰기를 할 때 먹통이 되었던 머리도 걷는 동안 재부팅되었다. 퇴고할 때는 말할 것도 없이 그 힘은 여지없이 발휘되었다.

한 발짝 움직일 때마다 이불을 찼던 어색한 문장은 수많은 칼질을 통해 수려한 문장으로 변신했다. 그냥 걷기만 했을 뿐인데 말이다.

 책을 쓰는 지금, 여전히 좋은 문장이 떠오르지 않는다. 썼던 문장을 곱씹으며 퇴고를 해보지만, 입속에 맴돌던 문장이 부드럽게 넘어가지 않는다. 이럴 때면 어김없이 운동화를 신고 밖으로 나갔다. 발은 앞으로 가고 있지만 머릿속에는 온통 마음에 들지 않는 그 문장만 맴돈다. 해 질 녘 아름다운 노을을 바라보고 있지만, 내 눈에는 그저 빨갛게만 보일 뿐이다.

 걸으며 문장을 다듬는 날이면 아무리 걸어도 깔끔하게 좋은 문장이 떠오르지 않는 날도 있고, 어떤 날은 발을 떼는 동시에 유레카를 외치기도 한다. 그날은 모든 우주의 힘이 내 발바닥으로 모여 나를 응원해 주는 느낌이랄까? 천재가 아닌데도 역시! 하며 나의 영감에 찬사를 보낸다. 이쯤 되면 명언으로 길을 안내해 주신 칸트 선배님께 절이라도 올려야 할 판이다. 이상하게도 걸을수록 글 쓰는 실력은 향상되었다. 그러니 나에게 걷기만큼 좋은 글쓰기 선생은 없었다. 이쯤 되면 내 글은 발로 쓴 것이 맞다.

 해가 떠오르기 전, 어제 완성하지 못한 글을 가슴에 안고 맨발로 다시 걷곤 했다. 잠이 서서히 깨고 땅의 기운이 천천히 몸속으로 흡수하는 순간, 신경이 깨어나고 몸의 세포가 활동하기 시작한다. 전날 그리도 떠오르지 않던 영감이 하나둘 고개를 들며 천천히 날아오른다. 날아오른 생각은 무지개빛이 되기도 하고, 벼랑 위에서 뚝 떨어지기도 하며, 날개를 단 채 멀리 가버리기도 한다. 걸을 때마다 문장은 단순해지고 수려해진다. 쓰윽 미소가 떠오르는 순간, 새벽길에 나와 글 쓰고 있는 나에게 엄지척을 올려본다.

 몇 년째 책 쓰는 흉내를 내다보니 시력도 나빠지고, 앉아만 있어서 살도 찌고, 성질머리는 더러워졌다. 그래서 발로 쓰는 일은 작가에게는 더더욱 중요한 일이다. '발로 쓰기'를 통해 몸과 마음을 다련하면서, 새로운 아이디어를 끌어 올릴 수 있으니 말이다. 앞에서 엉덩이의 힘을 빌려 글을 쓰라고 강조했지만, 글쓰기 블록 타임이 오면 걷기의 힘을 빌려 글을 쓰길 권한다. 내 말이 믿어지지 않는다면 칸트의 명언을 믿어보길. 진짜 그 위대한 생각이 걷기에서 나오는지 경험하게 될 때 글쓰기는 더욱 탄력을 받을 테니까.

 오늘도 역시 발로 열심히 글을 썼다. 동네를 몇 바퀴 돌면서 그렇게 쓰는 일을 해내고 있다. 글은 앉아서 손으로 쓰고, 엉덩이로만 쓰는 줄 알았더니만 이제 발까지 동원하고 있으니, 점점 책을 쓰면서 만능인이 되어가는 듯하다.

 누군가가 나에게 '글을 발로 썼냐?'고 농이라고 친다면 이제는 씨익 웃어줄 수 있다. 나는 진짜 두 발로 걸으며 썼으니 말이다.

글쓰기에서 손과 엉덩이와 발이 조화를 이룰 때 그야말로 낭만적인 결과가 우리 앞에 턱 하니 고개를 내밀지도 모르겠다. 뉘엿뉘엿 지는 석양 아래 흙투성이가 된 내 발을 보고 있자니 여느 값비싼 만년필보다 귀하고 멋진 소장품이란 생각이 든다.

## 골방에서 피어난 상상

한동안 글쓰기 속도에 진전이 없던 나는 '이건 필시 멋진 서재가 없는 탓일거야'라며 핑계를 대면서 나만의 아지트 찾기에 몰두했다. 글쓰기 책에서 말하는 그런 공간은 도대체 어디에 있는 것인지? 거기가 글쓰기 천국이라면 대가를 지불하고서라도 지구 끝까지 수색할 작정이었다.

언제부턴가 '카공족', 카페에서 공부하는 사람이 늘어가고 있던 때, 나는 급격한 현타(현실자각타임)와 함께 고개를 절레절레 흔들기까지 했다. 아니 이 사람들은 왜 집에서 공부를 안 하고 카페에서 뭔 짓? 이 시끄러운 곳에서 공부를? 아니 공부까지? 진짜 할 말을 잃었다. 자기 방 아니면 캄캄한 독서실에서 공부했던 나 때와는 완전히 딴 세상에 나도 모르게 혀를 끌끌 찼다.

책 쓰기를 한다고 책상에 앉았는데 아무것도 떠오르지 않던 날, 나는 언젠가 보았던 그들의 모습을 따라 하기에 이르렀다. 그런데 어쩐지 그들처럼 평온한 모습으로 집중할 수 없는 나, 몸만 앉아 있을 뿐 정신은 딴 곳에 있는 사람처럼 산만함 그 자체였다. 몇 시간 동안 커피만

홀짝대다가 이리 기웃 저리 기웃 사람 구경을 한참 하고 나서야 어렵게 원고 파일을 열었건만, 오랫동안 커서만 깜박깜박할 뿐이었다.

　다시 찾아 나선 동네 도서관, 한창 공부할 때를 생각하며 그 시절 향수까지 튀어나올까 봐 두근두근했는데, 옛날 향수는커녕 꽉 찬 자리 때문인지 답답함이 느껴졌다. 여기도 내가 글을 쓸 곳은 아니었다. 글은 안 쓰고 장소를 탓하며 이리저리 헤매는 꼴이라니, 그 시간이면 아마 한 페이지의 글을 썼겠다 싶었지만, 그때의 나는 절실하게 나만의 장소를 찾고 싶었다.

　다음은 스터디카페. 듣던 대로 아주 쾌적하고 깨끗했다. 이곳이라면 왠지 잘 써질 것 같은 예감이 들었다. 얼마 되지 않아 발견한 이곳의 문제점은 키보드 소리의 청량함이 내 귀에마저 거슬릴 정도로 엄청난 타격감을 준다는 것이었다. 조용한 공간에서 울려 퍼지는 타자 소리 때문에 집중은커녕 남 눈치 보느라 글쓰기가 힘들었다. 결국 '조용히 타이핑해 주실 수 없나요?'라는 메모지 문구가 내게 전달되는 순간, 이곳도 내가 있어야 할 곳이 아니라는 결론에 이르렀다.

　그렇게 글 잘 써지는 곳, 나만의 아지트 찾기에 골몰했던 나는 마지막으로 여행지에서의 멋진 숙소를 떠올렸다. 완벽한 쓰기 공간이 갖춰진 호텔 방에서 글을 쓰는 모습을 상상만 해도 참으로 흥분되었다. 영화의 한 장면 같은 그런 곳이라면 분명 좋은 글을 쓸 수 있으리라는 확신마저 들었다. 그곳이 바닷가라면 더더욱.

 한 시간을 날아 제주도에 도착했다. 눈부시게 빛나는 푸른 바다가 나를 글쓰기 도사로 만들어줄 것이라 믿어 의심치 않았다. 그만큼 완벽한 환경은 없어 보였다. 눈뜨면 보이는 에메랄드빛 바다, 아침이면 통창으로 환하게 들이치는 햇살, 작가 서재를 옮겨놓은 듯한 큰 책상, 어느 것 하나 빠지는 것이 없이 글쓰기를 도와줄 최적의 장소였다. 서기다 여행 기간이 일주일이나 되니, 써야 할 책의 분량은 따 놓은 당상이었다.

 그렇게 시작된 멋진 여행지에서의 책 쓰기, 숙소에 있는 동안 이렇게 멋진 책상에서라면 뭐든지 써낼 자신이 샘솟았다. 그런데 말이다. 그 넓은 책상에서 어느 날은 우아하게 커피를 마시기도 했고, 어느 날은 막걸리를 마시며 날마다 달콤한 나만의 연회를 즐겼다. 글쓰기의 배경이 되어줄 푸른 바다와 작가가 살 것만 같았던 숙소는 아름다운 풍광을 선물하며 여행 내내 나를 잠자는 숲속의 공주로 만들었다.

 혹자가 말했던 나만의 글쓰기 공간을 그토록 찾아 헤맸건만 결국 나는 그 해답을 밖에서 찾지는 못했다. 생각해 보니 첫 책을 쓴 곳은 나의 방, 그것도 아주 작은 책상이었다. 어지러운 책상에서도 작은 노트북에만 의지해서 글을 썼다.
 두 번째 글을 쓴 곳은 우리 집 식탁이었다. 가장 편하고 익숙한 곳에서 내 글은 탄생했다. 글쓰기에 집중이 잘 되는 나만의 공간은 그리 멀리 있지 않았다. 어찌 보면 지금까지는 글을 쓴다는 생각보다는 장빛발에 더 관심을 두고 있지 않았을까? 좀 더 좋은 장소, 좋은 필기도구, 좋은 책상에 앉으면 더 잘 써지리라는 착각을 품었을지도 모르겠다. 그런데 그 생각에서 벗어나는 데는 그리 오래 걸리지 않았다.

오늘도 나는 잘 쓰기 위해 나만의 골방에 들어간다. 원고 마감일이 다가오기 때문이다. 누구처럼 멋진 책상도 없고, 널찍한 서재도 아니지만 작은 방에서 타닥타닥 타이핑 소리가 더해지면서 창작의 향연이 시작된다. 그러다가 쓰는 게 힘들이지면 두 번째 창작 공간인 식탁으로 노트북을 옮겨 2차 작업을 시작한다. 환상의 장소는 아니지만 내 작은 방과 식탁에서 진득하니 집중하며 한 권의 원고를 만들어냈다. 환경에 굴하지 않는 작가 정신, 하하 이걸 해내는 멋진 사람이 나였듯이 지금 쓰기를 작심한 당신도 그렇게 되기를 바란다.

책 쓰기를 매년 하면서 글을 쓰는 공간은 늘 소박하고 누추했다. 그러나 골방에서 피어난 상상이 내 책 한 권으로 나오는 건 장소와 상관없이 언제나 멋진 일이었다.

처음 쓰는 당신이라면 당신이 가장 편하게 쓸 수 있는 공간을 발견할 수 있기를. 즐거운 글쓰기를 위해 이제 노트북을 메고 잠시 여행을 다녀와도 좋고, 카페에 가도 좋다. 그러다 잘 써지는 장소를 만나면 그곳이 나만의 아지트가 될 테니까. 그곳이 어디든 당신의 글을 아름답게 꽃피우게 할 아지트 찾기 게임에 기꺼이 참여하기를.

## 쓰는 비결은 단지 쓰는 것이다

처음 책 쓰기를 시작할 때 갈팡질팡 헤맸던 나는 글쓰기 비법을 알려 주는 사람이 있다면 내 영혼까지 내어주고 싶은 심정이었다. 진짜 알고 싶었다. 그놈의 책 잘 쓰는 비결을 말이다. 그런데 아무리 작법서를 읽어봐도 글쓰기 시작은 어려웠고, 연수를 들어도 어선히 동기부여만 될 뿐 도대체 감이 오지 않았다.

그때 내 앞에 떡하니 등장한 인생 영화는 글쓰기 시작을 자연스럽게 인도해 준 수호천사였다. 영화 내용에 흠뻑 빠져 있는 동안 충분한 동기부여가 되었던 게 분명하다. 영화가 끝날 무렵 글을 쓰기 시작했으니까 말이다. 어떻게 쓰는지도 모른 채로 이제는 그냥 시작할 때라고 생각했다.

영화에서 알아낸 글쓰기 비법은 실제로 단순했다. 그것은 다름이 아니라 '그냥 쓰는 것'이었다. 그랬다. 뭐가 됐든 결과가 나오려면 우선 써야 한다. 모범 작법대로 잘 쓰려고 짱구를 계속 굴렸다간 머리만 뱅글 뱅글 돌 뿐, 결국 지끈지끈 두통으로 한 글자도 못쓰게 된다.
잘 쓰기 위한 기술도 필요 없고, 떠오르는 대로 손을 키보드에 갖다

대고 타이핑을 시작하는 것이 첫걸음이다. 생각을 따라가면 되는 것이었다. 아니 하고 싶은 말을 이야기하듯 쓰면 된다. 청중에게 하듯이. 그 글이 나중에 도마 위에서 난도질을 당하더라도 우선 써서 분량을 채운다. 그러다 보면 어떨 땐 손이 생각보다 앞서가는 신기한 경험을 할 날도 오게 되니, 쓰고 싶은 것이 있다면 그것이 무엇이든 그냥 쓰면 된다.

 몇 날 며칠을 반복하다 보면 하얀 종이가 반이나 채워진 원고를 발견할 수도 있다. 도대체 지금 무슨 말을 하고 있는지 알면 좋겠지만 그런 것까지 생각할 여유가 없다. 쓴다는 것 자체로 뿌듯함을 느끼면서 또 한 번 머리에 띠를 둘러매고 이야기를 하듯, 신들린 것처럼 써 내려간다.

 그렇게 완성된 원고를 보며 어떻게 이런 글을 쓸 수가 있나? 정말 눈 뜨고 볼 수가 없다는 생각마저 들겠지만 그래도 계속 반복해서 쓰다 보면 아주 가끔은 내 안에 숨어 있는 작가 본능을 발견하게 될지도 모른다. 처음부터 잘 쓰는 사람은 없다. 교사로 살면서 안 하던 일을 하려니 당연히 모든 일이 어렵다. 아이들에게 가르치듯 자신을 달래고 격려하면서 그냥 써본다. 어떻게든 쓰고 나면 그다음은 고도로 정밀화된 시력과 감각적인 본능, 독자의 시선을 가지고 고치면 되는 것이니, 두려워하지 말고, 우선은 그냥 써야 한다. '어떻게'라는 생각은 제발 나중에 하기를.

그래도 혹자는 또 물어온다. 아주 짜증나는 말투로 말이다.

"그래서 어떻게 쓰냐고요?"
"나 참. 그냥 쓰라고요. 쓴 게 있어야 고칠 수 있으니까요."

쓰기 전엔 아무도 모른다. 어떻게 써야 하는지를 말이다. 우선 손을 가져다 대고 떠오르는 생각을 타이핑한다. 그때 방언이 터진 것처럼 '아무 말 대잔치'가 펼쳐진다면 나만의 글쓰기가 시작된 것에 축배를 들어도 좋다.

시작해.
쓰라고.
글을 쓰는 거야.
키를 두드리기만 하면 되는 거야.
왜 그러지?
생각 좀 하고요.
아니 생각은 하지 마, 생각은 나중에 해.
우선 가슴으로
초안을 쓰고 나서 머리로 다시 쓰는 거야.
작문의 첫 번째 열쇠는 그냥 쓰는 거야. 생각하지 말고,

가끔은 타이프의 단조로운 리듬이 페이지를 넘어가게 해주지.

그러다 자신만의 단어를 느끼기 시작하면 쓰기 시작하는 거야.

키를 두드려. 어서.

- 영화『파인딩 포레스터』중에서

## 웬만하면 빼세요

나이가 들면 나아질 거로 생각했지만, 내 지병은 직업병과 맞물려 병세는 더욱 짙어졌다. 약을 먹으면 반짝하고 좋아졌다가 다시 나빠지기를 반복하며 집과 학교만을 오가는 근거리 주거형 인간이 되었다.

글을 쓰기 전엔 몰랐다. 이러한 지병이 글 쓰는 습관에도 묻어 있다는 것을. 자각하지도 못했는데 증세를 알고 난 뒤부터는 왠지 더 의식하게 된다. 잠깐 정신 차리면 좋아졌다가 한눈판 사이, 다시 여러 군데에서 하얀 이를 드러내며 씨익 웃고 있는 녀석. 중증 환자인데도 글 쓸 일이 없어 모르고 산 세월이었다. 처음 글을 쓰기 시작한 어느 날 발견된 내 병세는 대강 이랬다.

"선생님 쓰신 글에 '~의'가 많네요."

'엥? 이건 또 무슨 소리인가?' 글쓰기 선생님께 처음 받은 피드백이었다. 그래서 들여다보니, 내가 쓴 글에는 그야말로 '~의' 천지였다. 나'의' 과거는, 우리'의' 학교는, 개인'의' 사고방식은….' 등등. 하여튼 '~의'의 발병 지역은 내 글 어느 곳 상관없이 동시다발적이어서 병원에 입원할 수준이었다. '빨간 코끼리를 떠올리지 마세요'라는 말을 듣고 떠올리지 않으려 해도 그놈의 코끼리만 계속 보이는 형국이었다. 지금 이 책을 읽고 있는 당신은 글을 읽은 내내 내가 말한 '의'라는 조사를 의식하며 신경이 곤두서게 될 것이다.

그리고 두 번째 지병, 지금 바로 앞에도 나타났듯이 '그리고' 병이다. 나는 이렇게 '그리고, 그래서, 그러나' 등을 남발하며 굉장히 정확성을 기하는 사람처럼 굴었다. 자꾸자꾸 병이 깊어지는지도 모르고 말이다. 접속사를 넣을수록 세속 설명하고 싶어졌고, 그럴 때마다 그것들은 마구 날아들어 내 글 사이사이에 끼어들었다. '그리고' 내 생각에는 접속사 덕분에 왠지 글이 더 명확해지는 느낌이라고나 할까? 그런 착각 속에서 '그리고' 병은 날로 크기를 키워 갔다.

대부분 작법서에서는 글을 쓸 때 '접속사'는 말이 되면 웬만하면 빼야 한다고 안내한다. 그것이 있으니, 글이 훨씬 정확하다고 느껴졌는데 나의 허상이었나 보다. 처음에 그 조언은 웬만하게 받아들여지지 않았다. 진짜 정확성이 떨어지는 것처럼 웬만하지 않았단 말이다. 그래도 빼라니까 슬쩍 하나둘씩 뺐을 때의 밋밋함. 어찌나 어색하던지 알몸으로 돌아다니는 기분이라고나 할까? 그런데 얼마 있다가 보니 '어라~' 왜 또 말이 되는지? 이상한 노릇이었다. 이 애들이 없어도 말이 되는 경험. 글쓰기 전까지는 알지 못했다.

병세가 조금씩 나아질 무렵, 예전에 썼던 글들을 살펴보니, '그리고, 그래서' 등이 자주 튀어나오면서 장문으로 치닫고 있었다. 길게 늘어져 박제된 글은 그 끝이 어딘지도 모른 채 지루하게 페이지만 채우면서 재미와 감흥과는 안녕 중이었다. 어쨌든 내게 습관처럼 따라다녔던 접속사들은 기존 생각과 충돌을 일으키며 점점 후퇴를 선언했다. 그리고 점점 그들의 존재가 없는 것이 웬만해졌다.

세 번째는 '즉' 병이다. '즉', 나는 왜 그렇게 다시 설명하기 좋아하는 것일까? '즉'이란 '다시 말하여'라고 사전에 풀이되어 있다. 그렇다. 나는 다시 말하기 좋아하는 증세도 있었다. 한 번만 말해도 될 것을 굳이 또 뭔 놈의 설명을 그렇게 해대고 싶어 하는 걸까? 그것도 요약까지 덧붙여서 말이다. 이건 일종의 '설명충'에서 기인한 오래된 직업병 증세이기도 했다. 나이가 드니 같은 말을 반복하는 습관까지 더해져서 그런 모습도 꼴 보기 싫을 때가 많은데, 글에서까지 발병하다니. 깔끔하게 정리하고 싶었다. "즉, 나는 이제부터 '다시 말해서' 너와 안녕이다"라고.

몸에 있는 지병과 달리 글쓰기 병은 신경을 쓰면 쓸수록 차도가 있는 게 성취욕을 불러일으켰다. 매의 눈을 가지고 이놈의 병세를 찾아내니 처음엔 어찌나 잔치 수준이던지, 그래도 검열을 거친 문장은 조금씩 정돈되면서 병세가 호전되었다. 처음 병세를 인지하고, 똑같은 실수를 하지 않기 위해 연습만 하면 될 일이었다. 수련하면 할수록 깔끔하게 정돈된 문장으로 거듭나니 해볼 만한 기술 연마인 셈이다.

이것은 필시 문일지십과 견줄만한 '나의 총명함'이라고 자화자찬하며 과몰입한 이때, 바로 앞 문장에 '의'가 또 등장했다. 이런! 여전히 병이 다 낫지 않은 상태지만 그 병을 인지하고 있다는 것 자체가 놀라운 발전이다.

이 글을 쓰는 동안에도 방심한 사이 쓸데없는 조사, 접속사, 부사 등이 자꾸 난입했다. 그렇지만 퇴고하지 않고 그냥 두려고 한다. 지금 글을 읽는 당신에게 몹쓸 병의 형태를 구경시켜야 하니까 말이다.

처음에 멋모르고 초고를 그냥 썼다면 그다음은 작법서에서 말하는 웬만하지 않은 것들을 공부하면 된다. 사후약방문이지만 아픈 곳에 약 처방을 한다면 더 좋은 문장을 쓸 수 있다. 만일 노력 없이 자신이 하던 대로 그대로 두고 방치했다가는 글쓰기 실력은 늘지 않고 출간한 책 수량만 많아져서 독자의 눈을 아프게 할 뿐이다.

# 혼자가 안 된다면 같이

23년 여름, 나의 또 다른 일탈은 시작되었다. 읽고 쓰는 모임에서 운영진을 맡고 있던 나는 출판사와 긴 협의 끝에 시리즈물을 기획하기로 했다. 독서 모임을 시작으로 책을 우연히 쓰게 되면서 작가 딱지를 달았는데, 이제는 책 출간하는 캠프까지 운영하다니, 내 인생이 어디로 흘러가려고 이러는지 나조차 그 끝을 가늠할 수가 없었던 푸르른 여름이었다.

그렇게 시작한 30일간의 책 쓰기 캠프, 어디를 향해갈지도 모르는 짧고도 긴 항해에 다 같이 몸을 실었다. 책을 왜 써야 하냐며 투덜대던 사람도, 이렇게 공장처럼 책을 단시간에 써도 되냐는 사람도, 글을 제대로 써본 적도 없다던 사람도, 잘 해낼 자신이 없다던 사람 모두, 그날만은 저마다 가슴 속에 몽글몽글한 무언가가 피어났으리라 짐작해본다.

그 당시 『아무튼 시리즈』물이 유행했던지라 그것을 벤치마킹하여 우리는 '기승전' 시리즈물로 가닥을 잡았다. 자신이 덕후로 빠져서 살고 있는 것, 무엇이든 주제를 잡아서 쓰기로 했다. 공유 창에 주제를 올리라고 공지한 순간, 사람들은 뒤처질세라 자신이 쓰고 싶은 내용을 빛의 속도로 올렸다. 나 역시 그때 올렸던 제목이 '기승전, 교사'였고, 그 책은 『오늘도 교사로 걷는 당신에게』로 24년 출간되었다. 다른 사람들은 어떻게 되었을까? 모두 작가가 되었을까?

찌는 듯한 여름의 한가운데. 누구에게는 설레는 방학이 시작되었고, 누군가에게는 긴 여행을 계획한 시간이었고, 어떤 이에게는 무엇도 시도하기 힘든 계절이었을 것이다. 그런데도 7월의 어느 날에서 8월의 끝자락까지 우리의 캠프파이어는 계속되었다.

"출간을 목표로 하루도 빠짐없이 함께 쓰면 됩니다."

캠프 글쓰기 원칙은 대강 이랬다. 내가 초고를 그렇게 전투적으로 썼듯이 약속한 기간은 하루도 빠지지 않고 쓰고 인증하는 것. 이 대원칙은 마지막까지 깨지지 않았다. 해외를 가서도 썼고, 노트북이 없어도 종이에 썼고, 여행 중이어도 썼다. 그렇게 모두 쓰는 일에만 집중했다. 장소를 가리지 않았고, 시간을 따지지 않았고, 잘 안 써진다는 핑계는 뒤로한 채 우선은 썼다.

아침에 쓰는 일은 불가능 한 일이라 여겼는데, 그런 고집은 무용한 것이었다. 한편의 초고가 새벽마다 올라오는 순간, 나태한 마음을 다잡고 경쟁 상태로 돌입했다. 그 후로 우리 단체 톡 창은 아침부터 불이 났다. 서로 질세라 다 쓴 초고를 올렸고, 뒤처지는 사람이 자정까지 결승전에 들어오기를 응원했다.

그중에 책을 출간해 본 사람은 몇 명에 불과했고 대부분 읽기가 좋아서 모임에 참여했던 사람이었다. 나와 같이 책 쓰기에 세뇌당해서 한번은 써봐야지 했던 사람들이었다. 그런데도 이상한 것은 글쓰기를 배우지 않았어도 매일 각자의 이야기를 써 내려갔다. 스파르타식으로 채찍을 좀 날리긴 했지만, 이 정도로 잘 따라올 줄은 몰랐다. 학생이 성실하니 가르치는 선생도 어깨춤이 절로 났던 순간이었다.

아프리카 속담에 '빨리 가려면 혼자 가고, 멀리 가려면 함께 가라'는 말이 있다. 그 흔한 말이 이상하게도 뼛속까지 든든했다. 혼자 했다면 절대 하지 못했을 일, 그것도 지독히도 하기 싫고 어려운 일이 바로 쓰는 일이었는데, 아침부터 밤까지 서로를 의지하며 걷고 또 걸었다. 말을 걸어주고, 토닥여주고, 울고 웃으며 우리는 끝까지 함께 했다. 결국 우린 함께 하며 빨리도 갔고, 멀리까지도 갔다. 참가한 사람 모두 초고를 완성하는 순간은 얼마나 감격스러웠던지. 여전히 그 순간만 생각하면 가슴 한구석이 뜨겁다.

이렇게 같이 큰 산 하나를 넘었으니, 또 다른 산을 넘을 때는 필력도 탄탄해지고, 굳건히 혼자 걸어 볼 용기도 생겼으리라. 힘들 때는 혼자보다는 같이하고, 단단한 내가 되었을 때는 또 도움이 필요한 누군가에게 손을 내밀어 줄 수 있다면 더 바랄 나위 없겠다. 내가 교직에서 길을 잃고 헤맬 때 누군가 손 내밀어 준 것처럼 말이다.

함께 글을 쓰면서 혼자가 아니라는 사실에 힘든 책 쓰기 여정도 축제였다. 혼자 걸어갈 때는, 마냥 힘이 들고 어디로 가야 할지도 몰랐는데, 함께 했기에 길을 잃지 않고 즐겁게 완주할 수 있었다. 혼자라서 외로울 때, 혼자라서 글쓰기가 어렵다고 느껴질 때는 함께 해줄 길벗을 찾아 나서 보면 어떨까? 어쩌면 써지지 않던 수많은 나날에 갑자기 '글신'이 내려 책 한 권을 후딱 완성할지도 모르니까.

뜨거운 여름, 한 달을 하얗게 불태우고 맞이한 또 다른 계절은 두 눈 가득 온통 노을빛이었다.

# 마침내 꽃이 핀 순간

어릴 적 썼던 일기는 참 단순했다. 그날그날 겪은 일을 쭉 나열했다가 결국 마지막은 '참 좋은 하루였다'로 끝났다. 그 시절의 희로애락이 모두 담겨서 한 개인의 소장품이 될 만큼 애착이 강한 물건이나 이 소중한 일기가 출판사 피드백에서는 안 좋은 책 쓰기 예시로 자주 등장했다.

"자칫 일기처럼 보일 수 있으니, 공감을 줄 수 있는 에세이로 보완을 부탁드립니다."

일기를 쓴 것이 아니라 원고를 썼는데 이 무슨 말인지 도통 이해할 수가 없었다. 괜스레 옆에 있지도 않은 편집자에게 한참을 투덜대고 나서도 불쾌한 감정은 가라앉지 않았다. 도대체 내 글이 어디가 일기 같다는 것인지. 에세이와 일기는 또 어떤 차이가 있는 것인지, 글을 쓰면서도 그 경계에 대한 확실한 무엇인가를 찾을 수 없었다.

글을 열심히 쓰다가 혼자 킥킥대며 웃고 있는 나를 발견할 때면, '일기처럼 보이지 않아야 한다'라는 그놈의 피드백이 머리에 빙빙 맴돌았다. 한참을 쓰다가도 지금 쓰는 이 글은 '일기인가? 에세이인가?' 하며 갸우뚱했고, 다 쓴 글을 지우기를 수십 번. 출판사의 피드백을 생각하지 않으려고 하면 할수록 글은 더 쓰기 어려웠다.

 공감을 한다는 것은 타인의 사고나 감정을 자기 내부로 옮겨 타인의 체험과 비슷하게 느끼는 일이다. 그러려면 나만의 이야기가 되지 않아야 한다. 머릿속으로는 십분 이해가 가지만 실전에서는 참으로 그것이 어렵다. 글 쓰는 사람은 난데, 나만의 이야기에 치우치지 말라 하니까 그것이 도통 무엇인지 그 경계가 모호하다. 그렇더라도 조금은 객관적인 시선으로 내용을 바라봐야 한다고 한참을 나 자신을 설득한 후에야 다시 정신을 가다듬고 글을 쓸 수 있었다.

 그렇게 여러 번 보고 또 보다 보니 나 혼자만 즐거울 법한 내용들이 하나씩 보이기 시작했다. 아마 내 생각이 맞는다면 그 지점에서 과감히 칼질을 시작해야 한다. 머리를 쥐어짜며 분량을 채운 것인데 진정 아깝다. 이 많은 단락의 원고 내용을 잘라내자니 사지가 떨어져 나가는 기분이 드는 건 어쩔 수 없다.

 과감히 컨트롤 엑스, 잘라내기 한판을 시행한다. 아쉽지만 독자를 생각하며, 내 서랍 속 일기가 아니어야 하기에 미련 없이 집도를 끝냈다. 잘려 나간 글은 팔다리를 잃고 몸통만 덩그러니 담았다. 진심 아프다.

교사로 재직하면서 많은 일을 겪으며 살아가고 있다. 내 책에 등장한 아이들 이야기, 수업 고민, 학교 이야기는 내 개인사이기도 하지만 같은 교사들의 서사이기도 하다. 나는 작가라는 타이틀을 걸고 그들을 대신하여 삶의 이야기를 옮기고 있다. 내 삶의 이야기를 통해서 그들이 옮기는 힘든 걸음에 위로를 건네고, 희망으로 교육을 이야기하고 싶은 마음이 크다. 이것이 내가 글을 쓰는 또 하나의 이유이다.

글 쓰는 이유를 생각하다 보니 이런 사색이 에세이의 기준을 찾아내 주었다. 에세이와 일기를 구분하는 나만의 공식은 이렇다. 일상의 넋두리로 끝나지 않을 것, 전달하려는 메시지는 긍정과 희망을 건네줄 것, 독자의 마음을 움직일 수 있는 영감을 줄 것, 글의 끝에는 삶의 자세를 성찰할 사유의 여백을 남길 것 등이다. 이렇게 연습하다 보면 일기에 쓰는 에피소드는 똑같지만, 에세이로 변신할 거라 믿는다.

두 번째 책을 쓰면서 출판사의 피드백을 받고 일기와 에세이 사이에서 많이 서성거렸다. 고민해서 써보고, 다시 써보면서 퇴고에 퇴고를 거듭했다.

출간 후 보게 된 서평에는 이런 내용들이 달려 있었다. 쓰신 책 덕분에 자기 삶의 이야기도 오랜만에 꺼내 보며 울고 웃었다면서 감사하다고 말이다. 그때 비로소 내가 일기가 아닌 에세이를 썼구나 싶었다. 일기와 에세이 경계에서 고민하던 내 글에 마침내 꽃이 핀 순간이었다.

앞으로도 혼자 알쏭달쏭 그 경계에서 많이 서 있을지도 모른다. 그럴 때마다 혼자 일기 쓰는 사람이 아니라 에세이 쓰는 사람이 되기 위해 독자와 같이 걸어야겠다.

# 계속 쓰는 삶

### 3장

## Check List

- 자기 계발 1도 몰랐던 바보
- 글 쓰는 사람의 태도
- 홍대리와의 짜릿한 연애
- 딴짓하는 즐거움
- 어느 날 갑자기, 브랜딩 교사
- 또 다른 길에서 만나는 꿈
- 조금 '쩌는' 인생을 위해
- 에세이스트가 되고 싶어졌습니다

# 자기 계발 1도 몰랐던 바보

대학원에 두 번째 진학하겠다는 나를 보고 어머니는 이렇게 말씀하셨다.

"그놈의 공부 언제까지 해야 하냐? 도대체 뭐 하려고 그러냐? 그거 해야 교장 되는 거냐?"

그 교장이란 것, 한때 가슴 속에 품어봤지만 이제 나와는 상관이 없는 듯하여 '글쎄요'라며 말끝을 흐렸다.

교육청에서 대학원 학비를 보조해 준다는 말에 혹해서 늦은 나이에 또 공부가 하고 싶어졌다. 누가 보면 참 기운도 뻗쳤다고 할만했다. 한 번도 아니고 두 번씩이나 납득하기 힘든 자기 계발 홀릭이었다. 진정 대학원을 나와서 어디에 쓴단 말인가? 호봉을 올리는데도 무용하고, 승진 점수에도 쓰지 않을 것. 하등 소용없는데 그저 해보고 싶다는 이유 하나로 막무가내로 떼쓰는 아이처럼 내 마음은 요지부동이었다.

남들은 승진을 위해서 점수를 따고 제 갈 길 가고 있는데, 난 어디부터 잘못된 것일까? 물어보면 별로 할 말도 없는 공부나 계속하고 있으니, 나도 이런 나를 알 수 없다. 뭐가 되려고 이러는지? 어쨌든 나는 마흔 중반에 또다시 대학원에 진학했다.

그런데 말이다. 대학원 수업에서 마주한 운명의 단어에서 내 인생은 소용돌이로 들어가게 되었다. 교육과정 수업 중에 학생들에게 던진 교수님의 말씀은 대강 이랬다. 교육철학을 갖는다는 건 학생들을 가르치는 데 무엇보다 중요하고, 그것이 있어야 나중에 자기 이름을 걸고 책 한 권이라도 낼 수 있다는 간단한 말씀이었는데 말이지. 그때 내게 박힌 책 출간이란 단어! '책 출간'이라! 생각지도 못했던 단어에 그때부터 괜히 가슴이 두근거렸다. 그저 공부하고 싶어서 왔던 대학원에서 이런 영감을 받을 줄이야! 대학원은 뭐 하려고 다니냐는 질문에 누구도 예상치 못한 답이 내 인생에 쏙 들어온 순간이었다.

그 영감이 잊힐세라 부지런히 움직인 나는 대학원 졸업 전 첫 책을 출간했다. 자기 계발하러 갔던 대학원에서 또 다른 도전으로 인생에서 무언가 다시 세워지고 발전하게 되는 경험을 맞닥뜨렸다. 출간한 책은 대학원 학위보다 나를 더 전문가로 만들었고, 유명세와 많은 강의까지 물어다 주었다. 생각지도 못한 자기 계발의 가장 멋진 모습이 아니었을까?

자기 계발이라곤 대학원밖에 몰랐던 내게 이렇게 운명처럼 다가온 '책 쓰기'는 그 후로도 내 삶을 많이도 변화시켰다. 지속하는 힘이 부족한 나란 사람이 언제까지 쓰는 일을 할 수 있을지 모르지만, 목표는 자기 계발의 가장 순수한 목적을 실현시키는 것, 즐거운 취미생활로 안착시키는 것이다. 살면서 세상 사람들보다 호기심이 덜하다고 생각했다. 그래서 해보고 싶은 것도, 할 줄 아는 것도 별로 없는 사람이었다. 그러나 책 쓰기를 통해 나를 표현하는 방법도, 더 멋진 내가 되는 길도 알게 되었다.

돌아보니 교사가 되고서 주도적으로 무엇을 한다는 느낌보다 그냥 흘러가는 대로 살았다. 좋은 교사가 되기 위해, 일 년 일 년 아이들을 위해 열심히 살았는데, 언제부턴가 나란 존재보다는 타인을 향한 가치가 더 커졌고, 어쩌면 그런 상황에서 자기 계발은 힘든 교직 생활에서 탈출하고 싶었던 도구였을지도 모르겠다. 그런데 이제 내게 딱 맞는 것을 찾았으니, 더는 대학원에 안 다녀도 되겠다 싶었다.

대학원도 그리 힘들게 다녔는데 글을 쓰고, 책을 출간하는 일은 그 과정이 대학원 못지않게 험난하다. 그래도 책을 쓰면서 현재의 삶에도 크고 작은 변화가 생기니, 아마 꾸준히 쓰는 사람이 된다면 노년에는 작가로 뭔가 '팡' 하고 터트리는 사람이 되어 있지 않을까. 책 쓰기는 돈이 들지도 않고 마음만 먹으면 언제든 시작할 수 있고, 거기다 운이 좋으면 큰 수익까지 낼 수도 있으니, 일석삼조다.

책 쓰기의 고통이 아무리 클지라도 내 인생에 다가올 새로운 기회와

이점을 생각할 때, 이제 안 쓸 이유는 없다.

 이제 책 쓰기로 자기 계발에 열심인 나는 오늘도 내일도 부단히 쓴다. 또 무엇이 될지 한 치 앞도 모른 채. 그런데 책을 쓰다 보니 잘 쓰고 싶은 욕심에 또 어딘가 기웃거리는 나. 학비 저렴한 문예창작과 대학원은 없나 하고 말이다. 나, 원, 참! '대학원 병'은 언제 없어질는지?

# 글 쓰는 사람의 태도

"우리 출판사와 방향이 맞지 않아 출간이 어렵겠습니다."

암만 생각해도 이상했다. 내 원고는 분명히 그 출판사가 추구하는 방향과 맞았다. 그런데 맘에 들지 않는 표현을 티 안 나게 정중하고도 아주 예의 있게 했다. 그리고 나를 불편하게 했던 또 하나의 메시지.

"교육 에세이는 판매에 어려움이 있어, 아무래도 출간이 힘들 것 같습니다"

어라? 분명히 어려움이 있다고 했는데, 얼마 뒤에 그 출판사에서 비슷한 책이 출간된다. 이건 뭐? 농락당하는 느낌이 들었지만, 출판사의 정중한 표현에는 머리를 숙일 수밖에 없었다.

아이들에게 늘 가르치는 삶의 태도가 있다. '말은 마음의 표현'이라는. 예쁜 말을 하다 보면 마음도 예쁘게 변한다. 그렇게 둘은 이어져 있다. 그래서일까? 설령 출판사의 형식적인 거절의 말일지라도 그들의 답신을 처음 받았을 때 나는 감동했다. 어쩜 이리도 불편한 내용을 예의 바르게 전달할 수 있을까? 하고 말이다.

출판사는 아주 눈 뜨고는 못 봐줄 만한 내 야생적인 초고를 '옥고'라고 칭했다. "글이 엉망이군요"라고 말해도 되는데 '출판사와 방향이 맞지 않는다'라고 말했고, 부디 결이 맞는 출판사를 만나 좋은 책으로 출간되기를 바란다고 응원까지 했다.

살면서 이런 정중한 메일을 받아본 적이 없다. 문득 연탄재 함부로 차지 말라던 안도현의 시구가 들어와 박히면서 눈물이 찔끔 나기도 했다. 그래서였던 걸까? 신성 출판사의 거절 메일을 받았을 때의 내 감동은 쉽사리 잊히지 않았다. 글 쓰는 사람들은, 아니 출판에 종사하는 사람들은 역시 태도에 품격이 있다는 결론에 이르렀다. 그것이 내 책의 호불호를 떠나서, 출판사 속마음의 진위를 차치하고서라도 나는 귀한 대접을 받은 것으로 충분하다 싶었다.

비록 거절 메일을 받았지만, 예우를 받았다고 여긴 나는 다시 힘을 내어 투고했다. 헤밍웨이는 초고가 쓰레기라고 말했지만, 그와는 달리 출판사가 말한 옥고라고 믿으며 다시 출판사에 원고를 뿌렸다. 나와 꼭 맞는 출판사를 만나길 바란다는 말에 실낱같은 희망을 품으며.

그렇게 출판사로부터 천대받았던 것 같기도 하고, 대우받았던 것 같기도 했던 내 원고는 얼마 뒤 진짜로 결이 맞는 출판사를 만났다. 그리고 내 글이 마음에 든다며 러브콜을 준 출판사는 책을 출간한 후에도 있었고, 심지어 일 년이 지난 뒤에도 연락을 해왔다. 정말 말의 힘이, 믿음의 관계가 열어 준 기적이었다.

'부족한 원고에 귀한 시간을 내어 읽어주셔서 감사합니다. 다음에 좋은 인연으로 찾아뵙겠습니다'라고 오늘도 나는 거절 메일에 그들의 모습을 닮은 정중한 답신을 보낸다.

글을 쓰고 책을 내는 과정에서 많은 사람을 만난다. 그 처음이 출판사의 얼굴도 모르는 편집자들이다. 일 년 365일 동안 많은 투고를 받을 텐데 변함없이 친절하다. 그들은 언제나 작가들의 글 쓰는 삶을 응원한다. 직업 정신이라도 그들의 태도는 아름답다. 그들의 정중하고도 친절한 말을 통해 작가가 탄생하기도 하니, 어찌 보면 말과 글로 사람을 키우는 이들과 견줄 만큼 그 영향력이 실로 대단하다.

출판사 사람들의 정중하고 우아한 글과 말 그릇을 보며 나도 좀 더 우아한 어른이 되고 싶었다. 그리고 아이들을 더 잘 가르치고 싶어졌다. 아이들도 잘 배워서 그런 사람이 될 수 있기를 고대하며. 그리고 글을 쓰는 동안 내 삶의 그릇도 커져서 글과 삶이 일치되는 사람이 되기를 원한다. 계속 쓰는 삶을 위해.

## 홍대리와의 짜릿한 연애

어릴 적 아버지가 사 오신 문학 전집은 우리 집에는 어울리지 않았던 꽤나 귀한 물건이었다. 어느 날 좁은 방에 세워진 책장과 전집은 초등학생이었던 내 눈과 머리를 어지럽히기에 충분했다. 거의 100권이나 되는 책이 책장 가득 채워지면서 갑자기 부자가 된 듯한 기분마저 들어 책장을 볼 때마다 입꼬리가 올라갔더랬다.

빼곡하게 채워진 두꺼운 책 한 권씩을 빼내어 방바닥에 엎드려 아껴 읽는 맛이란 그야말로 귀하디귀한 아이스크림을 혼자 몰래 먹는 느낌이라고 해야 할까. 어린 소녀가 가보지 못한 세상, 만나보지 못한 어른들을 책 속에서 만나고 오는 날이면 어김없이 꿈속에서 훨훨 날아다녔다. 그런데 그때가 마지막이었다. 내 열독의 시간은.

그 뒤로 책을 열심히 읽었던 기억보다 도서관에서 시험공부했던 것, 영화 『러브레터』를 보고서는 도서관에서 괜히 얼쩡거렸던 일, 교사가 되어서는 책 쇼핑과 전시가 전부였다. 그렇게 멀어졌던 독서는, 나이가 들수록 생활에 찌들어 점점 더 멀어지기만 했다. 독서의 재시작은 아예 기미가 없어 보일 만큼 삶은 복잡해졌고 피곤했다. 무채색 같던 시기에 나를 잡아주었던 건 책 쓰기 전도사님의 소개로 만난 '홍대리'였다.

홍대리와의 연애는 호기심으로 시작해 급기야 그에게 푹 빠져버리는 사태에 이르렀다. 그는 만날 때마다 독서를 권했고, 나의 삶도 그와 같이 변하길 바랬다. 들어보니 그의 처음은 나와 같았다. 독서와 담쌓고 살았던 인간이었으나 100일 동안 33권을 읽은 후부터 그의 삶은 달라졌다고 긴 이야기를 풀어놓았다. 그의 권유로 책을 읽기 시작하면서 그와의 데이트는 시작되었다. 밤낮으로 만나서 책을 읽고 수다를 떨었다. 그러다 보니 어느새 나도 그와 비슷한 삶을 살아가고 있었다.

그리고 이어진 방황의 시간, 책 한 권 읽는다고 뭐가 달라지겠어? 하며 의심이 들기도 했고, 오늘은 피곤한데 읽지 말까? 유혹에도 빠지기도 했다. 이 많은 책을 언제 읽나 하면서 한숨을 쉬기도 했지만, 그때마다 홍대리는 할 수 있다고 응원해 주었다. 그렇게 책으로 시작된 우리의 짧고도 긴 연애는 여름 끝자락에서 막을 내렸고, 짜릿했던 시간은 독서하는 인생으로 남았다.

『독서천재 홍대리』, 죽었던 독서 세포에 다시 흥분을 선사해 준 책이었다. 밤이 새는 줄도 모르고 읽다가 잠들어버리기 일쑤, 다음 내용이 궁금해서 새벽같이 눈이 떠지는 건 내 생애 없던 일이었는데…. 그때 독서에 몰입했던 내 모습은 지금 생각해도 퍽 괜찮은 모습이었다. 홍대리 덕분이었다. 그 후에 내 삶은 어떻게 달라졌을까?

예전과 달리 내 가방 속에는 잡다한 내용물 대신 몇 권의 책이 들어 있다. 여행을 갈 때도, 공원에 나갈 때도 어디를 가든 수첩과 책을 같이 넣어 다닌다. '책 산책, 책 모닝, 책 여행…', 별의별 이름을 붙여가면서 책과 함께하는 삶을 인증하고 그런 척하면서 산다. 책을 읽지 않아도 아무렇지도 않았던 시간과 안녕한지 오래다. 적어도 하루에 30분, 한 달에 몇 권, 1년에 50권 정도는 읽자며 독서 목표를 세우고, 나를 채찍질한다. 이것은 책 쓰기를 시작하면서 동시에 생긴 아주 작은 습관, 아니 강박증이다.

한때 나이 독서는 에세이집이나 시, 소설 등을 읽으며 재미를 추구하는 다소 가벼운 목적을 지녔으나 책 쓰기를 하면서는 조금 깊이 들어갔다. 교사로서 더욱 풍부한 경험을 다지기 위해 교육서에 탐독하고 내공을 쌓기 시작했다.

동기부여가 브라이언 트레이시는 매년 50권씩 3년을 읽으면 그 분야의 전문가가 된다고 말했는데, 이 말은 내게 큰 영감을 불러일으켰다. 대학원 다닐 비용을 책을 사서 읽었더라면 하면서 뒤늦은 한탄을 하기도 했다. 독서하고 사색하면서 교육자로서 점점 깊어지는 나를 느꼈다. 어떨 때는 교육철학에서 읽은 내용들이 내 생각인 듯 술술 나오기도 한다. 이런 독서 경험은 책 쓰기에 단단한 기반이 되었다.

또 좋은 글귀가 있으면 작가의 글솜씨에 감탄하고 필사하면서, 나도 이런 좋은 문장 써봐야지 하고 다짐했다. 책 쓰기에는 반드시 밑줄 그을만한 문장이 필요한 법이니, 열심히 읽으며 공부하다 보면 비슷하게라도 흉내라도 낼 것이라 믿기에 모든 읽기는 책 쓰기 수련의 과정이다.

가장 나를 당혹스럽게 한 독서 행태의 변화는 편집자의 시선으로 자꾸 책을 읽는다는 것이다. 어색한 문장이나 오탈자를 찾아내고, 중복된 어휘 등을 찾아내며 책의 내용에 집중하기보다는 딴짓에 가까운 유별난 독서를 하고 있으니, 점점 독서하는 방법이 이상해지고 있다. 결국 내용에 온전히 집중이 안 될 때가 많다는 것! 아니 지가 무슨 출판사 편집자냐고?

유년 시절 행복했던 방구석 독서가 내 삶에 다시 운명적으로 등장한 건 순전히 읽고 쓰는 삶을 선택한 덕분이었다. 그 덕에 다시 소녀로 돌아가 더 큰 세상을 꿈꾼다. 그리고 한때 마음속 어딘가 품었을지도 모르는 작가의 모습으로 읽고 쓰기도 한다. 혹여 글을 쓰다가 결핍이 오거나 소진이 될 때마다 나의 독서 연인 홍대리를 떠올리며 미소지어 본다.

쓰려면 읽어야 하고, 읽으면 또 쓰고 싶어진다. 계속 쓰는 삶을 위해 읽는 일이란 그저 삶처럼 묵묵히 해나가야 하는 일이라는 걸 이제는 안다.

'책은 쓰고 싶은데 독서는 안 했습니다.'라고 하는 초보 작가라면 지금부터 책 쓰기를 위한 독서 저축 활동을 시작해야 할 때다. 당신의 경험만으로 책을 쓰는 일은 한계가 있다. 독서는 당신이 가져보지 못한 세상을 선물할 테니, 그렇게 쌓인 내공은 당신의 책 속에 자연스럽게 스며들어 좋은 문장으로 피어날 것이 틀림없다.

# 딴짓하는 즐거움

 가던 길로만 가는 걸 선호했다. 익숙한 것만 먹는 것을 좋아했다. 하던 일만 안전하게 하는 것을 편하게 여겼다. 그래서 학교도 이리 오래 다니고 있는 것일까? 매일 매일 같은 시간에 일어나 출근하고, 가르치고, 퇴근하고 벌써 25년째다. 이제 슬슬 지겨워지려 할 때 마음 저편에서 솔솔 피어나는 근질근질함이 나에게 일탈을 건네주었다. 그것이 생산적인 삶과 연결되었고, 아주 환상적이고 달콤한 결말까지 안겨주었으니, 이쯤 되면 인생의 딴짓 한 번 해볼 만한 것이 아닐까.

 지금까지 살면서 생산적인 일보다는 도시의 소비자로 살았다. 월급 타서 사고 싶은 물건을 사면서 기쁨을 누렸던 나였다. 대부분 일상은 주어진 삶을 살아가는 일, 하루하루 똑같은 일을 해나가는 것이었다. 내 힘으로 무엇을 만들어내는 것은 나와는 무관한 일이었다. 한 번도 샛길로 가지 않았던 나였는데, 그랬던 나였는데 언제부턴가 방학만 되면 딴짓을 한다. 이제 다른 길로 들어서도 불안해하지 않는다. 새로운 길을 익히면서 기억해 두고 다음에 또 한번 가보기도 한다. 지금까지 내 인생에 없던 최대 딴전인 책 쓰기를 하면서 나는 달라졌다.

책 쓰기를 위해 글을 쓴다는 건 램프 속에 잠자고 있던 지니를 불러내는 일처럼 내 안에 숨겨진 씨앗에 물을 주는 일이다. 집에서 아이들을 양육하고, 학교에서 교육하는 일은 먼 훗날 결과를 내지만 책 쓰기는 그와는 달리 속전속결로 창작의 기쁨과 짜릿함을 선사한다. 조지오웰이 말했던 '예술적 창작', 나도 뭔가 할 수 있다는 기쁨, 가슴 깊은 곳에서 밀려오는 짜릿함이 아닐까? 그 손맛에서 완성되는 창작의 설렘 때문에 다 쓰면 다시 쓰고 싶어지고, 다시는 쓰지 말자면서도 또 쓰게 된다.

하얀 종이 위에 까만 글씨가 씨질 내년 조금 전까지 태어나지 않은 새로운 세상이 내 손끝에서 만들어진다. 어릴 적 겪었던 일들은 어느새 글 속에 자리를 잡고 그때의 나를 불러내어 가만히 위로해 준다. 성장하며 느꼈던 희로애락은 문장을 더욱 단단하게 한다. 내가 살아온 경험이 문장의 힘을 빌려 아름다운 장면을 연출하고, 철학자의 사유를 드러내기도 한다. 모든 이야기가 내 손에서 시작되고 끝을 맺는다는 사실에 어떨 때는 요술 지팡이를 가진 마법사가 된 것처럼 가끔 흥분되기도 한다는 사실. 책을 쓰면서 손이 더 귀하게 느껴지는 건 나만이 가진 비밀병기처럼 여겨지기 때문이다. 내게 이런 재능이 있으니 굳이 안 쓸 이유는 없는 일, 세상 사람들에게 내 이야기를 들려주고 싶을 때면 자연스레 내 손은 빨라진다.

책을 매년 출간하는 내게 누군가 물었다. 무슨 할 이야기가 그리 많으냐고. 그때마다 정확한 대답을 할 수 없었는데, 책을 출간하면서 깨달았다. 여전히 쓸 이야기가 남아 있어서기도 하지만, 내가 쓴 종이 원고가 활자로 찍혀서 책으로 대변신하는 순간, 그때마다 마주한 묘한 감동을 잊을 수가 없기 때문이라는 것을. 진짜로 진짜로 내가 하나님이라도 된 것처럼 마음이 웅장해지는, 혼자만 감동하는 지점을 만나게 된다. 그 맛이 어찌나 짜릿한지, 그래서인지 글쓰기 고통이 아무리 심해도 이 감정을 두고두고 느끼고 싶기에 쓰는 일을 놓지 못할지도 모른다.

처음 쓰는 일을 시작할 때까지만 해도 '내 주제에 책 쓰기는 무슨, 작가는 아무나 되냐?'며 그 일은 내 영역이 아니라고 선을 그었다. 그저 내 천직은 교사이고, 내가 해야 할 일은 아이들 잘 가르치고, 남은 교직 생활을 잘 살아가는 것만이 전부라고 생각했다. 그런데 슬며시 파고든 내 인생 일탈 행동, 인생의 딴짓을 하고부터 나는 나의 존재에 대해 더 많이 생각하고, 가능성을 믿게 되었다.

딴짓하면 큰일 날 줄 알았는데, 덕분에 우물 밖으로 나와 큰 세상을 보게 되었으니 '딴짓하지 말고, 앞만 보고 가라'고 했던 어른들의 말은 틀렸다. 어느 길이든 가봐야 무엇이 있는지 알 수 있으니 말이다.

글을 쓰고 책을 쓴다는 건 생산적인 삶뿐 아니라, 삶의 새로운 길노 만들어가는 재미까지 선사해 주었다. 잘 그려지지 않았던 나의 미래,

어느 날은 출판사 대표도 되었다가, 햇살 좋은 날은 북카페 사장도 해볼까 하다가, 세계 곳곳을 돌아다니며 여행 작가도 되었다가, 빵빵 터지는 베스트셀러를 보면 언젠가는 나도 10만 부를 팔아넘기는 대형 작가가 되고 말 거야라며 원대한 꿈도 꿔본다. 책 쓰기 덕분에 이런 엉뚱한 생각의 재주넘기마저 신나고 즐거운 일상이 되었다.

가까운 미래 언젠가 햇살 가득한 전원주택에서 상추나 따며 사는 노인이 아니라, 책을 쓰며 딴짓하는 즐거움도 누리며 살아갈 노년의 나를 응원하고 싶다.

## 어느 날 갑자기, 브랜딩 교사

'눈 뜨고 일어나 보니 세상은 이렇더라' 하는 말을 실감하는 요즘이다. 제품에만 붙는 '브랜드, 브랜딩'이란 단어가 교사 세계에도 불어왔다. 사람을 상품화하는 듯한 이 단어가 나는 왜 이렇게 불편하고 껄끄러운 것일까? 세상의 변화에 적응보다는 저항이 심한 나의 느린 걸음 때문일까? 트랜드는 옳고 그름이 아니라 그저 선호도, 유행일 뿐인데 교육과 교사에 그런 유행 감각을 접목하는 것에 여전히 호의적이지 않는 나. 요즘 사람들의 사고를 가지기엔 갈 길이 멀다.

'브랜드'는 제품이나 서비스와 관련된 이름, 로고, 슬로건이고, '브랜딩'은 사람들에게 나를 각인시키는 과정, 소비자들은 특정 브랜드에 대한 관심으로 공감과 감정을 느끼며 그 브랜드에 가치와 의미를 부여한다고 되어 있다.

결국 사람과 브랜드를 동일 선상에 두고 본다면 '나'에 대한 성찰이었다. 나는 무엇을 할 수 있는 사람인가? 나만이 보여줄 수 있는 색깔은 무엇인가? 내가 어떤 분야에서 무엇이 되고 싶다면 그것을 보여줄 수 있는 전문성이 있어야 홍보할 수 있다는 것이다. 자신의 전문성을 드러내고 싶은 교사들에게 어찌 보면 '브랜딩'이란 용어는 적절한 자극과 정체성을 갖게 해줄 안성맞춤인 단어처럼 보인다.

한창 수업 욕심이 많았던 나는 수업 잘하고, 좋은 교사로 열심히 일 년을 살고 나면 항상 헛헛했다. '근데 좋은 교사인지, 수업 잘하는 교사인지는 무엇으로 증명하지?' 아무것도 남기지 못한 채로 한해 사는 것은 내게 자존감을 채워주지 못했다. 그래서 수업 연구대회에도 나가고, 대학원에도 진학하면서 그 방법을 찾아 나섰었다.

그런데 어느 날 갑자기 내 삶에 비집고 들어온 '책 쓰기'는 그 전에 그토록 찾아 헤맸던 것을 한 방에 해결해 주었고, 요즘 화두로 떠오르는 '브랜딩'의 길로 바로 인도했다.

한동안 책상 위에 놓인 비전 보드를 들여다보았다. 불과 3년 전 작가로 출발하기 전 이야기이다. 『꿈꾸는 다락방』을 읽으며 지나치게 몰입했던 것일까? 매일 똑같기만 했던 내 현실에 스며든 미래의 꿈들, 그때의 나는 그 꿈의 향방을 알지도 못한 채 형체도 없는 희망 같은 것에 한껏 부풀어 있었다. 그렇게 시작된 꿈의 풍선은 하늘 높은 줄 모르고 높이 올라갔다.

급하게 만든 비전 보드에 야무지게도 붙어있는 포스트잇, 그 안에 적힌 다소 억지스러운 꿈. 한 번도 해보지 않은 '책 쓰기, 출간, 교사 작가란 글씨, 내 인생과는 거리가 먼 단어들이 어색하게 웃고 있었다.

시간은 불과 6개월밖에 지나지 않았는데 책을 쓰고 눈 떠보니 작가가 되어 있었다. 출간한 책은 1쇄를 돌파하고 어느새 3쇄 소식을 전했다. 베스트셀러 딱지도 달았다. 어라! 이제는 학교 강의를 하는 내 모습이라니! 모든 일이 현실이 되었다.

『나는 혁신학교 교사입니다』 첫 책을 출간하고 혁신학교 전문가로 나는 이곳저곳 바삐 불려 다녔다. 이론가 아닌 현장 경험이 많은 교사라는 점이 크게 작용한 덕이다. 그때까지 단독으로 혁신학교 책을 출간한 교사는 없었다. 나는 자연스럽게 혁신 전문가, 교사 리더가 되었다.

그저 글을 쓰고 책을 출간했을 뿐인데, 그리 껄끄러웠던 '브랜딩'이라는 말이 자연스럽게 나를 교육 전문가로 만들어주었다. 책이 만든 나만의 이미지였다. 책을 통해 내가 보여줄 수 있는 나의 첫 색깔이었다.

내게 책 쓰기는 나를 브랜딩하기 위한 목적이 아니라 나를 찾아가는 과정이었다. 가르치는 것밖에 잘하는 일이 없다고 생각했던 내게, 교직에서 내가 무엇을 원하고 잘할 수 있는 사람인지도 알려주었다. 수업과 교육에 대한 전문성을 드러낼 수 있도록 도와주었고, 교사의 길도 더 잘 걸을 수 있도록 했다.

책 쓰기 브랜딩을 통해 독자들은 소박하면서도 작은 나의 삶에 공감, 감동, 가치의 의미를 부여했고, 덕분에 교사로서 걸어야 할 내 사명을 다시 일깨워주었다. 책을 쓰면서 겪은 경험들은 유연하지 않았던 내 사고에 다양성을 선물해 주었다. '브랜딩'을 다시 바라보는 시선까지도. 어떤 삶이든, 누구의 삶이든 그들의 모든 일상은 가치가 있다. 그래서 그 가치를 찾아가는 일 또한 응원하고 싶다. 그래도 한 가지 덧붙이자면 본말이 바뀌는 삶의 형식은 경계하고 싶다. 브랜딩을 목적으로 움직이는 것보다 자기 삶 자체가 브랜드가 되는 멋진 사람이 되고 싶다.

브랜딩을 넘어 인생에서 더 큰 꿈을 꿀 수 있기를. 흔들리는 지금이, 바로 우리가 꿈꿀 시간이고 내가 찾는 나를 만나야 할 순간이다. 꿈꾼다는 건 한 번도 귀 기울이지 못한 내 삶을 응원하고, 사랑하는 일이었다. 이제부터 나를 사랑하는 시간 속으로 천천히 걸어가야겠다. 5년 뒤에 한 뼘 더 성장해서 무언가 되어 있을 나를 꿈꾸며 오늘도 부단히 쓴다.

## 또 다른 길에서 피어나는 꿈

먼 길을 달려 도착한 강연장, 어색한 공기에 한층 긴장감이 더해진다. 일면식도 없는 사람들과 낯선 장소에 앉아 있노라면 개학식 첫날, 멀뚱히 앉아 있는 부적응 학생의 모습이랄까. 책을 내고 바뀐 일상 중 하나는 강의하러 전국을 다닌다는 것이다.

책을 낼 때 염두에 두었던 것은 아니나 책은 자연스럽게 작가라는 이름으로 나를 강연장으로 소환했다. 강의 요청을 받은 나를 부러워하는 동료들도 있지만, 내심 속마음은 그리 즐겁지만은 않았다. 본업이 교사이니 수업 교환도 해야 하고, 다녀오면 다음 날은 또 피곤해서 수업에 지장을 받기도 하고, 모르는 사람들과 교감해야 하는 부담감이 동시에 들었기 때문이다. 하지만 책을 낸 이상 내가 하고 싶은 일만 하며 살 수는 없었다.

강의하고 온 다음 날, 학교 메신저에는 전날 만났던 선생님의 메시지가 날아와 있었다.

"선생님의 강의를 듣고 다시 무엇인가를 해볼 힘을 얻었습니다. 학교를 그만두고 싶었는데 다시 용기 내어 출근하겠습니다."

화면의 글을 계속 응시하면서, 마음의 울렁임이 가라앉지 않아 오랫동안 자리를 떠날 수 없었다. 강의하러 가기 전에 느꼈던 마음의 갈등이 미안하게 느껴지는 순간이었다. 내가 왜 계속 책을 쓰며 선생님들 앞에 서 있는 이유를 알게 된 날이었다. 동료 교사로부터 전해진 마음에 잠 못 드는 많은 날 때문이었을까? 그들과 함께 걷고 싶어졌던 이유가, 쓰기 전에는 몰랐던 또 하나의 사명이 내 삶에 강렬히 날아들었다.

그 후에도 강의 후기나 서평으로 독자의 마음을 마주하는 시간은 꽤 나를 흥분시켰다. 이것은 분명 수업하고서 느끼는 뿌듯함과는 다른 감정이었다. 연애편지보다 달콤했고, 스승의 날 편지보다 감동적이었다. 독자들이 남긴 말과 글을 곱씹으며 내가 누군가에게 선한 영향력을 미치고 있다는 생각에 가슴 한편이 웅장해지기까지 했으니, 참으로 벅찬 마음이었다.

힘들 때마다 독자들의 서평과 응원을 다시금 펼쳐본다. 분명 그들이 위로받고 응원 받았다고 했는데, 그 마음이 역으로 나를 치유하고야 만다. 가까이 있지도 않은데 가깝고, 멀리 있는데도 이어져 있는 느낌을 받는다. 글 하나로 따뜻한 시선을 충분하게 보내주는 사람들 덕분에 나 또한 오늘도 교사로 잘 걷는 중이다.

누구나 힘든 고비에서 자신을 살려준 인생 책이 있다. 나 역시 삶의 구렁텅이에서 허우적거릴 때 지혜의 책이 내 손을 잡아주었다. 그리고 그 덕분에 거짓말처럼 불안과 걱정의 늪에서 빠져나올 수 있었다.

 책을 쓰면서 많은 욕심이 생기기도 하지만, 가장 순수한 욕심은 내 책도 선생님들에게 그렇게 다가가길 바라는 마음 가득하다. 내 책 한 권을 읽었을 뿐인데 학교에 가서 무엇을 해보고 싶기도 하고, 학생들이 갑자기 예뻐 보이기도 했으며, 내일은 다른 무언가가 펼쳐질 희망이 생기기도 했다는 그 마음을 전해 들을 때면, 책을 썼던 지난한 과정들의 피로마저 잊혀진다.

 책을 쓰면서도 교사로 아이들을 잘 가르치는 일이 제일 중요한 건 변함없으나, 교사로 내가 할 수 있는 일이 또 하나 생겼다. 외롭고 고단한 선생님들과 손잡고 함께 걸으며 가는 그 길을 응원하는 일이 그것이다.

 더 보태어 도움이 필요한 여러 선생님을 만나 마음을 건넬 수 있는 강연가로서 내가 가진 달란트를 나누고 싶다. 아이들을 위해 한평생을 살아왔듯이, 이제 동료 선생님들을 위해서 새로운 길을 걸어가려 한다. 책쓰는 사람으로, 강연가로 이제 첫걸음마 수준이지만 내 걸음으로 꾸준히 걷다 보면 교사로 잘 걸어왔던 것처럼 어느새 그 길에서도 또 다른 꿈이 피어나지 않을까 싶다.

## 조금 '쩌는' 인생을 위해

'쩐다'라는 말의 사전적 의미는 '대단한 것을 보았을 때 하는 말'이다. 내가 이 단어를 아이들에게 들은 시점은 첫 책을 출간한 직후였다. 책 표지에 선생님의 이름을 보고 눈이 동그래진 아이들이 내뱉은 강력한 한마디는 "선생님, 완전 쩔어요"였다. 아이들 대화에서 또 갈팡질팡 길을 잃은 내 눈동자. 이건 또 무슨 말인가 싶어 잔뜩 얼굴을 찌푸렸으나, 그 뜻을 안 후에야 입꼬리가 살짝 올라갔고, 어깨춤이라도 추고 싶을 만큼 기분이 좋았다.

내 인생에서 이런 칭찬을 언제 받을까마는 책을 출간하고부터 심심찮게 아이들 입을 타고 자주 '쩐다'라는 말을 듣곤 했다. 뭐가 그렇게 '쩐다'라는 것인지 알 수는 없으나, 아이들 눈에는 내가 교사지만 하나의 멋진 직업을 가진 작가로도 보이는 것이 확실했다.

그렇게 남학생이 던진 한마디뿐 아니라 나의 출간 소식은 심심한 교사 인생에 작은 파장을 일으켰다. 출간 소식 이후 학교는 술렁술렁, 작가 탄생에 온통 떠들썩했다. 소식을 들은 선생님뿐만 아니라 아이들은 선생님 책을 읽고 싶다며 구매하기도 하고, 학부모님도 아이들을 통해 사인을 청해 오기도 했다.

"야, 우리 선생님, 작가야!"라고 친구들에게 말해줄 때 겉으로는 쑥스러운 척했지만, 마음속 어깨 뽕은 하늘 높은 줄 모르고 치솟았다. 그렇게 예상에 없던 조금 쩌는 삶을 살아가는 교사 작가가 되었다. 교사 그거 해 봤자 얼마나 버냐며 빨리 그만두라는 지인들의 말, 요즘 선생은 내 자식이면 안 시킨다는 세간의 말, 그래도 나는 이 험난한 교직 인생에서 충실한 삶을 살았다.

그때마다 '선생님! 멋있어요'라는 아이들의 말은 내게 박카스만큼 힘나는 위안이었다. 고된 일상이었지만 교사 외에 다른 꿈은 상상해 보지도 않았고 그냥 지금처럼 이 정도 멋있는 선생님이면 족하다고, 아이들 곁에서 힘이 있을 때까지 그렇게 살고 싶은 사람이었다.

그런데 말이다. 아이들에게 '완전 쩐다'라는 말을 듣는 순간, 진짜로 내 인생에서 한 번쯤은 완전 쩌는 인생을 살고 싶어졌다. 그때부터였을까? 내 인생이 조금 더 생기 있고 흥미진진해진 순간이.

나는 어릴 적 늘 자신감이 부족해 수줍었던 아이였고, 발표하는 것보다 쓰고 그리는 것이 좋았던 아이였다. 그 아이가 커서 어떤 인생을 살아갈지 그때는 상상해 볼 수도 없었지만, 그 어린 소녀의 끝은 지금 나와 같은 모습이 아니었을까 싶다.

"선생님, 저도 커서 선생님처럼 작가가 되고 싶어요."

어느 날, 아이들이 던진 두 번째의 말은 내가 하는 일, 할 수 있는 일이 교사기 때문에 아이들에게 지대한 영향을 미친다는 것을 알았다. 내가 글을 쓰는 교사 작가로 산다는 사실만으로 아이들에게는 또 하나의 세계를 마주하게 했다. 선생님처럼 교사가 되고 싶다던 아이들의 꿈에, 선생님처럼 작가가 되고 싶다는 꿈까지 얹었으니, 내가 가는 길이 아이들의 길이 되고 상상의 세상이 되었다.

이쯤 되면 글 쓰는 이유가 더 분명해져야 한다. '완전 쩌는 인생'을 또 한 번 살아야 하는 이유이고, 글을 쓰기 위해 타이핑하는 일이 조금 더 즐거워지고, 깊어져야 할 일이었다. 글을 쓰면서 써야 하는 이유가 자꾸 생겨난다.

처음 글을 쓰면서 날갯짓이 어설퍼서 잘 날까 싶었는데, 나는 어느새 푸른 하늘로 꾸준히 비상하고 있다. 지치기도 하고, 여전히 길을 잃기도 하지만 그럴 땐 잠시 쉬기도 하고, 다른 길로도 가면서 즐거운 비행을 한다. 내게서 비행을 배우는 어린 새들도 큰 꿈을 품으며 멋지게 날아오르길 기대한다.

아이들의 선생으로 살아가지만, 글 쓰는 사람으로, 나아가 책 쓰는 작가로 새롭게 인생의 2막을 열어보려 한다. 나는 여전히 그대로의 나지만, 어린 누군가의 꿈이기도 하니까.

# 에세이스트가 되고 싶어졌습니다

*"작가님!"*

책을 출간한 이후 누군가가 나를 부르는 두 번째 호칭, '작가님'. 여전히 어색한 그 호칭에 나는 들을 때마다 몸을 배배 꼴 수밖에 없었다. '선생님'이 아닌 '작가님'이라! 어쩐지 내 옷이 아닌 것만 같아 자꾸 옷매무새를 만지작거리며 딴 곳을 응시하곤 했다.

첫 책은 멋모르고 썼고, 두 번째 개인 저서는 호기롭게 썼다. 그렇게 단시간에 만들어진 또 하나의 네이밍, '작가'. 그 이름과 호칭은 어째 교사라는 나의 정체성에 흡수되지 못하고, 둥둥 떠다녔다. 책을 출간하면서 내 의지와 상관없이 나는 두 개의 직업을 가진 사람이 되었다. 그러면서 한동안 두 가지 정체성을 받아들이지 못하고 심하게 흔들렸다.

교사로 살아오면서 '선생님'이라는 단어가 그리 불편한 적이 없었는데, 작가라는 호칭은 왜 그렇게 나를 안절부절못하게 했을까? 마음속 어딘가 여전히 글 쓰는 것을 내 일로 받아들이지 않고 있음이 분명했고, 쓰는 것에 대한 자신감도 부족했다. 결정적으로 책을 한 권 정도

내고, 작가라는 타이틀을 가져간다는 것은 기존 작가들에 대한 모독이라고 나름대로 생각했다.

책상 가득 꽂혀있는 에쿠니 가오리의 책들, 그중에 『소란한 보통날』을 좋아한다. 일본이라는 낯선 곳에서 가끔 동네 산책을 하는 느낌이 좋다. 평범한 일상에서 소소한 재미를 찾는 삶의 이야기가 잔잔한 것이 이 책을 자주 꺼내 드는 이유이다.

고등학교 때 알게 된 피천득의 수필, 낡고 빛바랜 『인연』 책도 종종 꺼내 읽는다. 그중에 「나의 사랑하는 생활」, 「서영이」 등의 내용을 좋아한다. 누구는 피천득의 수필이 심심하고 그다지 재미가 없다고 말하지만, 나는 그 심심하며 생활 자체인 그의 글이 참 좋다. 수필의 멋과 맛을 생각하며 스승님의 책을 한번 음미해 본다. 조용한 숲길을 걷는데 잔잔한 숲속 향기가 전해진다. 역시나 이런 글쓰기는 어렵다. 그러나 글 잘 쓰는 사람의 글을 읽는 맛은 참으로 좋다.

글쓰기가 지루할 때는 이주윤 작가의 『팔리는 작가가 되겠어. 계속 쓰는 삶을 위해』라는 책과 김혼비 작가의 『아무튼 술』을 읽으며 키득댄다. 역시 책은 재미가 있어야 한다는 것을 깨닫는 순간, 머리가 절로 숙여진다. 내 맘대로 뽑은 글쓰기 스승님들의 책을 읽으면서 힐링도 하고, 작가 공부도 한다. 누구 말대로 작법에 대해 뭘 배운 것이 없는 가방끈 짧은 나이기에. 오늘도 내일도 정진할 뿐이다.

계속 쓸 것인가 말 것인가. 쓰는 삶에 대해 고민이 깊던 끝자락에서 나는 생각했다. 책을 계속 써야 한다면 작가라는 호칭을 받아들여야 하고, 내 스승님들처럼 더 좋은 글을 써야 한다고.

잘 쓰고 싶다는 욕망이 커질수록, 원고를 수정하는 시간은 밤을 넘겼고, 나를 책상과 한 몸으로 만들었다. 두 번째 책을 쓸 무렵, 별안간 에세이스트가 되고 싶다는 욕망에 사로잡혔다. '에세이스트'란 말에 어찌나 가슴이 뛰든지 상상만으로도 벌써 그렇게 된 것처럼 얼굴이 붉어지기까지 했다. 심지어 이번 책을 잘 써낸다면 '작가 타이틀'을 스스로 허락하겠다고 다짐하며, 글 쓰는 사람으로 살겠다고 혼자 북 치고 장구 치면서 요란을 떨었지 말이다.

> "수필은 청초하고 몸맵시 날렵한 여인이다.
> 수필은 그 여인이 걸어가는 숲속으로 난 평탄하고 고요한 길이다.
> 수필은 가로수 늘어진 페이브먼트가 될 수도 있다.
> 그러나 그 길은 깨끗하고 사람이 적게 다니는 주택가에 있다."
>
> - 피천득 『수필』 중에서

초보 작가에서 에세이스트로 변신을 시도하는 지금이 서툴고 부족하더라도 조금씩 수필가의 숲으로 걸어가 보려 한다. 쓰고 쓰다 보면 스승님이 말한 수필의 모양새를 어느 정도 갖추게 되지 않을까. 나는 그 길에 한 걸음 더 보태어 따뜻한 햇살이 비치는 도시 한가운데서 재미나게 인생을 이야기하며 팔짱 끼고 걷는 사람들의 소란한 보통날의 이야기들을 담고 싶다. 사람들 곁에서 재미와 감동을 주고, 위로가 되는 그런 글을 쓰는 사람으로 천천히 그리고 부단히 걷고 싶다. 진짜 에세이스트로 말이다.

"작가님, 안녕하세요."
"네, 안녕하세요."

그때가 언제일지 모르겠지만 아마 그때는 두 번째 호칭을 진심 사랑하게 될지도 모르겠다.

초보 교사 작가를 위한
책 쓰기 비밀 노트

4장

## Check List

1. 장르와 주제 정하기

2. 제목과 부제 정하기

3. 목차 잡기

4. 원고 작성용 편집 용지 세팅하기

5. 책 한 권의 분량?

6. 책 판형(사이즈) 정하기

7. 본문 쓰기

8. 퇴고하기

9. 프롤로그와 에필로그 쓰기

10. 출간기획서 쓰기

11. 투고하기

12. 출간 계약 시 알아두어야 할 일

13. 저자 프로필 쓰기

14. 추천사 받기

15. 출간 후 홍보하기

초보일 때 궁금했던 출간의 모든 것
누구에게나 초보인 시절이 있고
그 시작은 비슷합니다.

혼자여서 막막했던 것들, 처음이라서 궁금했던 점들,
초보라서 쓸 수 있을까 걱정했던 부분들을 뒤로 하고,
실전에서 바로 도전할 수 있도록 팁까지 친절하게 알려드립니다.

혼자서 쓰고 출간한 작업 순서들이지만,
처음 쓰는 당신에게 보탬이 되리라 생각하며
첫 마음으로 돌아가 길을 안내해 드립니다.

# 1. 장르(영역)와 주제 정하기

◎ 어떤 분야의 책을 쓸지 정합니다.

온라인 서점 책 분야의 큰 항목을 보면 아래와 같이 분류되어 있습니다. 자신이 관심이 있는 분야에 해당하는 영역을 살펴보며 탐색합니다.

| 가정·살림 | 소설·시·희곡 | 유아 | 종교 |
| --- | --- | --- | --- |
| 건강·취미 | 수험서 자격증 | 인문 | 청소년 |
| 경제·경영 | 어린이 | 인물 | IT·모바일 |
| 국어·외국어 사전 | 에세이 | 자기 계발 | 초등 참고서 |
| 대학 교재 | 여행 | 자연·과학 | 중·고등 참고서 |
| 만화 | 역사 | 잡지 | |
| 사회·정치 | 예술 | 전집 | |

◎ 교사가 쓸 수 있는 분야를 대략 유추해 볼 때 아래와 같이 정리해 볼 수 있습니다.

| | |
|---|---|
| 실용서 | 자기 계발서, 유·초·중·고 학급경영 및 수업 및 교육과정 |
| 에세이 | 교육 에세이, 자전적 에세이, 교단 일기 |
| 전문서적 | 임용서, 수험서, 전공서적, 대학 교재, 문제집, 어린이 교재 |
| 문학 | 시, 소설, 청소년 소설 |
| 동화 | 초등동화, 청소년 성장 동화, 어른을 위한 동화 |
| 기타 | 여행, 예술, 종교, 건강 취미, 가정 육아, 자녀 교육, 필사 |

◎ 자신이 잘할 수 있고, 전문적으로 해온 일을 선정하면 쓰기에 훨씬 수월합니다. 교사라고 분야를 한정 짓지 말고 여러 분야에서 자신이 끄집어낼 수 있는 콘텐츠는 무엇이 있는지 탐색해 보세요.

- 온라인 서점 검색창에 '교사'를 검색하면 그들이 써 온 책들을 볼 수 있고, 제목과 내용을 살피면서 자신이 출간하고 싶은 내용의 책이 있는지도 살펴봅니다. 어떤 책을 출간할지 방향이 보이기도 합니다.

- 세상에 새로운 것은 없다고 할 정도로 이미 같은 주제로 많은 책이 출간되어 있습니다. 그러나 이미 출간된 책이라도 나만의 차별화된 내용을 가지고 쓸 수 있으니, 용기를 내세요.

- 자신이 교사로서 제일 잘 쓸 수 있는 것을 먼저 쓰고, 그다음도 비슷한 주제로 두 번째 책을 낸다면 좀 더 전문성을 확보하고, 자신만의 브랜드가 될 수 있습니다.

- 첫 책 이후에 비슷한 책을 출간한 후에는 한 개의 영역에만 국한하지 마시고, 다양한 분야에 도전해 보시길 바랍니다. 교사가 가진 콘텐츠는 생각보다 무궁무진합니다.

## 2. 제목과 부제 정하기

✅ 제목은 원고의 핵심을 잘 전달할 수 있는 내용으로 정합니다.

제목에도 트렌드가 있어서 어떤 제목들이 유행하는지 온라인 서점 인기 도서의 제목을 살펴보도록 합니다. 제목을 살짝만 바꿔보면서 연습할 수도 있고, 자신만의 색채가 드러날 수 있도록 새롭게 지어보는 것도 좋습니다. 이때 자신이 짓고자 하는 제목이 이미 출간된 책인지도 온라인 서점에서 검색해 보아야 합니다. 너무 긴 제목은 가독성이 떨어져서 좋지 않습니다. 아이디어가 떠오르지 않을 때는 챗gpt의 도움을 받아 아이디어를 확장하는 방법도 있습니다.

✅ 제목짓기 유형은 아래와 같아요. 각 유형별로 따라해보세요.

▶ 1. 직설형 (명확하고 진지하게)

- 교사의 책 쓰기
- 교사 책 쓰기의 모든 것

▶ 2. 은유형 / 상징형 (공감과 여운 중심)

- 교단 위에서 피어난 한 권의 책
- 모퉁이 끝에서 시작된 책 쓰기

▶ 3. 질문형 (공감과 동기를 이끌어내기)

- 교사도 책을 쓸 수 있을까?
- 왜 교사에게 책 쓰기가 필요할까?

▶ 4. 조합형 (핵심 키워드를 콕콕)

- 교사 × 책 쓰기 = 성장
- 수업 + 기록 = 한 권의 책
- 책 쓰는 교사, 변화하는 교실

▶ 5. 감성형 / 문장형 (마음을 움직이는 문장처럼)

- 교사라는 이름으로 책을 씁니다
- 아이들과의 나날을 책에 담다

## ⊘ 제목 선정하기

제목을 인터넷 검색창에 검색했을 때 중요한 키워드 하나만으로도 검색될 수 있도록 중요한 키워드를 넣을 수 있도록 합니다. 예시로 10개 정도의 안을 짜고, 제목과 가장 적합한 안을 고르도록 합니다.

> ▶ 제목 예시: 『오늘도 교사로 걷는 당신에게』
>
> - 제목 1안: 오늘도 교사로 걷는 당신에게
> - 제목 2안: 오늘도 교사로 나아가는 중입니다
> - 제목 3안: 기승전, 교사

## ⊙ 부제 정하기

 제목이 책의 메인 음식이라면 부제는 그 음식을 받쳐주고 있는 보조 메뉴 같은 것입니다. 제목에서 불러일으킨 궁금증을 부제에서 조금 단순하고 명료하게 받쳐줌으로써 음식이 훨씬 정갈하고 맛깔나게 보이는 효과가 있습니다. 부제를 정하지 않기도 하지만 대부분 책에는 제목보다 작게 부차적으로 책의 내용을 알려주는 부제가 달려있습니다. 제목만큼이나 내용을 명확하게 알 수 있게 해주는 한 줄 요약입니다.

> - 부제 1안: 교사 공감 & 힐링 에세이
> - 부제 2안: 교사의 소소하지만 특별한 시선들
> - 부제 3안: 다시 태어나도 교사이고픈 교사 덕후 이야기

⊙ 제목은 출판사에 의해 바뀔 수도 있다고 생각하고 대강 짓거나, 출판사에 일임하는 사람도 있지만 글을 써가는 방향성이기 때문에 핵심을 담은 내용으로 스스로 만들어보시길 권합니다.

⊙ 제목은 책이 출간되기 전까지도 바뀔 수 있으므로 좋은 제목을 갖기 위해 끝까지 수정하고 내 책에 맞는 좋은 제목을 갖기 위해 노력해야 합니다.

 출판사에서 수정해 주는 제목 또한 자신의 이견과 맞지 않는 경우 무조건 수용하기보다는 조율하면서 좋은 제목을 만들 수 있도록 해야 합니다. 독자들은 책의 표지에 밝힌 제목으로 처음 책을 만나고, 제목 한 문장만으로 호기심을 불러일으키거나 위로와 공감을 받기도 합니다. 제목은 내 책을 결정하는 외모 중의 눈동자에 해당한다고 생각하고 화룡점정 할 수 있도록 합니다.

⊙ 띠지에 들어갈 문구도 생각합니다. 부제와 비슷하지만, 책을 사도록 독자를 유도하는 문장으로 선정합니다.

▶ 띠지: 처음 쓰는 당신에게 , 현직 교사가 알려주는 책 쓰기의 모든 것

## 3. 목차 잡기

◇ 목차는 장제목과 소제목으로 구성되어 있습니다.

 장 제목은 1장 또는 1부, part 등의 단어로도 씁니다. 그다음은 소제목입니다. 보통 한 꼭지라고 합니다. 대개의 책은 총 4~5개의 장 제목과 그 아래 8~10개 정도의 소제목으로 목차로 구성되어 있습니다. 글의 분량과 종류에 따라 장 제목과 소제목의 개수는 달라질 수 있습니다. 글의 성격과 전개에 따라 배치할 수 있도록 해보는 것이 좋습니다.

 장르에 따라 다르지만, 일반적으로 38~40개의 정도의 소제목(1꼭지)을 다 썼을 때 한 권의 책이 완성됩니다.

◇ 목차는 어떤 내용을 담고 있는지 알 수 있는 안내도와 같습니다.

 어떤 흐름으로 이야기를 이끌어갈지 지도를 그려보세요. 다만, 꼭지별 제목에서 메시지가 보일 수 있도록 하면 더욱 선명한 안내도가 만들어집니다. 그래도 자신이 없다면 많은 경쟁 도서의 목차를 참고하여 힌트를 얻어보세요. 참고할 뿐 표절은 금물입니다.

 저의 첫 번째 책 『나는 혁신학교 교사입니다』 목차는 학교에서 보여줄 수 있는 수업 혁신, 교실 혁신, 학교 혁신, 교육철학에 대한 순서로 흐름을 잡았고, 혁신학교에서 보여줄 수 있는 내용을 꾹꾹 눌러 담았습니다.

두 번째 책 『오늘도 교사로 걷는 당신에게』 목차별 제목들은 사계절을 통해 교사의 이야기를 전달합니다. 이는 교사의 삶을 계절에 비유하여 목차를 잡은 예시입니다.

▶ 목차 예시

**1장. 겨울, 움트는 시간**

1. 나를 키운 팔 할
2. 파란불이 켜진 신호등
3. 교사를 그만두지 않는 방법
4. 오랜 숙제를 끝내니 보이는 것들
5. 교사라는 이름이 가져다준 선물
6. 월요일 출근을 좋아했던 멍청이
7. 난 덕후일까?

**2장. 여름, 뜨거웠던 열정의 시간**

1. 한 사람이 온다는 건
2. 그 시절 알았더라면 좋았을 것
3. 내가 가장 애정하는 한 가지
4. 상처투성이에서 꿈꾸는 동지로
5. 수업의 기술보다는 사랑의 기술
6. 쌉가능한 선생님
7. 선 넘는 교육을 위해

◉ 목차 짜는 방법을 따라해보세요.

▶ 1. 주제 선정 및 핵심 메시지 정리

■ 전달하고 싶은 핵심 메시지를 명확히 하세요. 어떤 내용을 중심으로 논리 전개할지 생각합니다.

- 2. 전체 구조 구상하기

  - 서론, 본론, 결론의 기본 구조를 잡습니다.
  - 각 부분에 포함될 주요 내용을 간단히 정리합니다.

- 3. 세부 항목 나누기

  - 본론은 여러 소주제로 나누고, 각각의 소주제에 대해 세부 항목을 정리합니다.

- 4. 소제목 간결하게 정리하기

  - 각 항목의 제목은 간단하면서도 핵심 내용을 잘 드러내도록 합니다. 독자가 목차만 보고도 내용을 파악할 수 있어야 합니다.

- 5. 검토 및 수정하기

  - 전체 흐름과 논리성을 다시 점검하고, 필요하면 항목을 추가하거나 삭제합니다.

- 6. 자신만의 지도 만들기

  - 내용을 잘 담을 수 있는 목차 진행 방식을 연구한다면 글이 훨씬 돋보일 수 있습니다.

## 4. 원고 작성용 편집 용지 세팅하기

◎ 장르, 주제, 제목과 부제, 목차 잡기 등의 1차 작업이 끝났다면 이제는 원고 쓰기 작업에 들어가야 합니다.

원고는 아래한글 프로그램에 작성합니다. MS워드 프로그램을 이용할 수도 있으나 맞춤법 검사 기능 등 한글 타이핑에는 여러모로 아래한글 프로그램이 좋습니다.

◎ 아래한글 프로그램은 따로 세팅하지 않으면 A4 기본 설정으로 작성됩니다.

자기가 원하는 책 판형에 맞추어 세팅하고 작성할 수도 있으나 그럴 필요가 없습니다. A4가 타이핑에 편리하고 확인하기에도 좋습니다. 출판사에서도 A4 기본 설정으로 작성된 원고를 선호합니다.

◇ 글자체는 기본 설정이 마음에 들지 않으면 자기 눈에 잘 들어오는 것으로 선택해서 작성합니다.

한 원고에 다양한 서체를 쓰고 곳곳에 볼드체를 하기도 하는데 선택한 서체 하나를 기본으로 하고 꼭 구분이 필요한 부분만 다른 서체 혹은 볼드체로 표시해 줍니다.

◇ 글자 크기인 포인트는 10~12 정도가 적당합니다.

작성할 때는 포인트를 작게 했다가도 퇴고 과정에서는 설정으로 포인트를 키워 확인하는 게 좋습니다. 글자가 커 눈에 잘 들어오면 그만큼 오탈자 등을 찾기도 쉽습니다.

◇ 글을 쓸 때는 단락을 구성합니다.

인터넷 글쓰기에서는 보통 한 문장이 끝나면 엔터키로 줄 바꿈을 합니다. 이럴 경우 책에서는 문장 시작마다 들여쓰기가 되어 책이 나오면 이빨 빠진 것처럼 됩니다. 원고 작성은 단락이 바뀔 때만 줄을 바꾸고 단락을 구성하면 그만큼 가독성도 좋아집니다.

▶ 아래는 아래한글 프로그램을 열면 나타나는 기본 설정입니다.

- 용지 종류는 A4(국배판)
- 용지 여백은 상·하, 머리말, 꼬리말은 15.00mm, 좌우는 20.00mm
- 글자체는 바탕, 바탕체이고, 글자 포인트는 10포인트

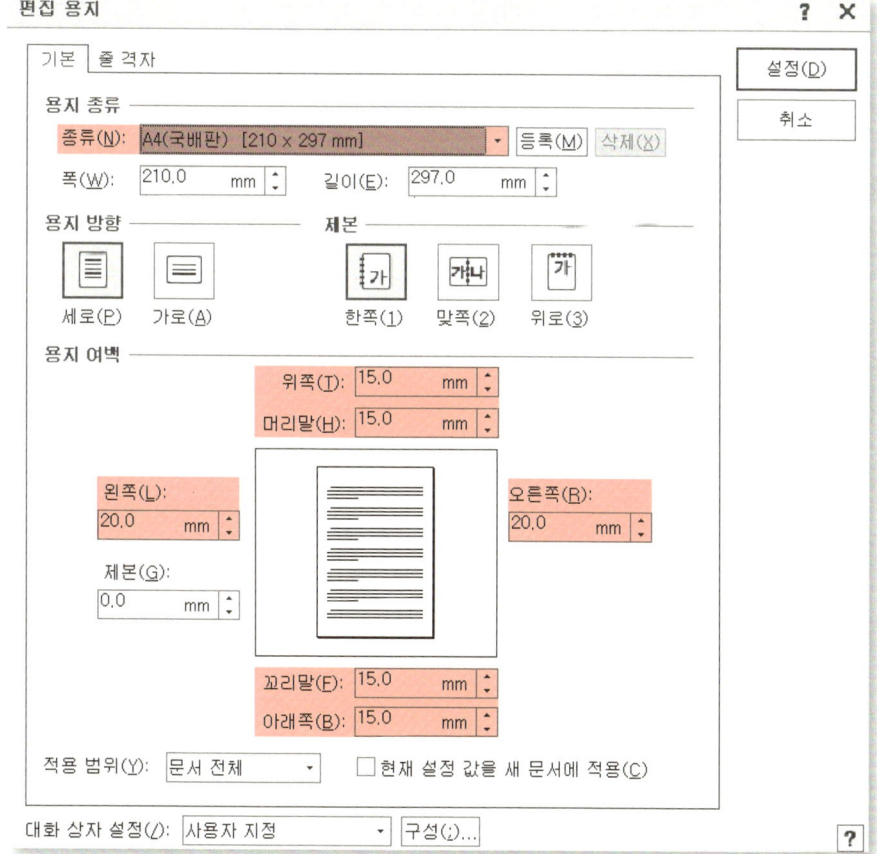

## 5. 책 한 권의 분량?

✓ 설정에 따라 다르지만 보통 A4용지 1장이 원고지 8매이고, 글자 수는 1,000~1,200자입니다.

원고지 1,000매, A4용지 125장이면 책으로는 220~230페이지 분량입니다. 물론 글자의 크기, 자간, 줄 간격, 여백 정도 등에 따라 달라집니다.

✓ 최근 에세이집 출판에 많이 적용되는 B6(128×188) 판형의 한 권 분량은 원고지 매수로 450~600매 정도 분량입니다.

A4용지로 60~80페이지 정도 작성하면 됩니다. 갈수록 책 한 권의 분량이 줄어드는 흐름이어서 제시한 분량보다 적어도 책을 완성할 수 있습니다.

✅ 원고지 매수로 환산하는 방법은 한글 프로그램에 파일 ➡ 문서 정보 ➡ 문서 통계 ➡ 원고지 매수에서 확인할 수 있습니다.

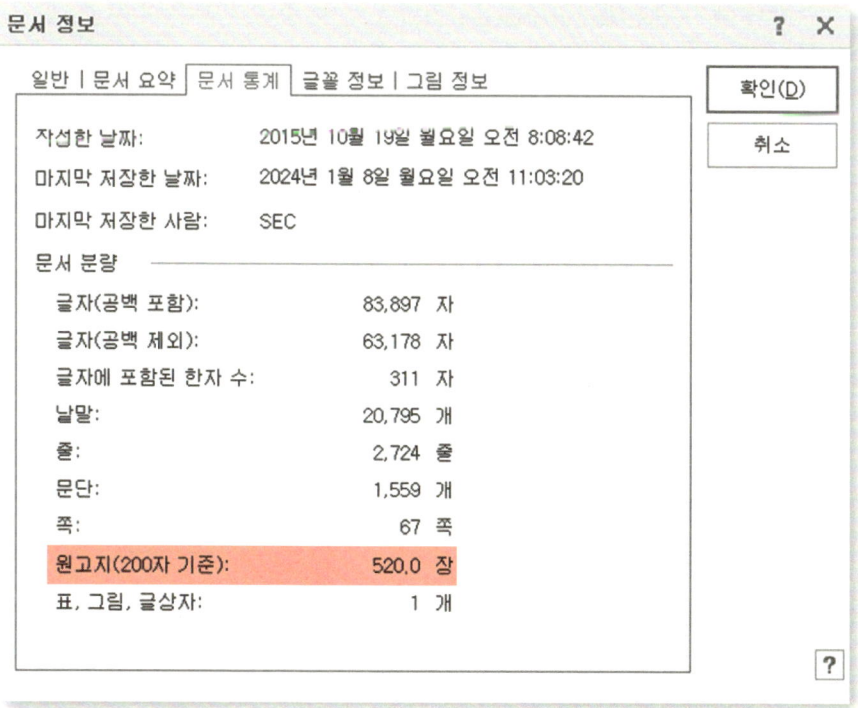

# 6. 책 판형(사이즈) 결정하기

◎ 쓰고자 하는 책의 유형에 따라 책 사이즈를 결정하면 써야 할 원고의 분량을 대략 계산할 수 있습니다.

책의 크기(판형)은 다양하나 규격화된 판형 중 단행본은 주로 아래 세 판형 중 하나로 제작됩니다.

| 판형 | 사이즈 | 사용 분야 |
|---|---|---|
| 신국판 | 가로: 152(mm)<br>세로: 225(mm) | 소설, 수필, 시집, 여행기 등 다양한 장르에서 사용하는 일반적인 책 크기 |
| 국판 | 가로: 148(mm)<br>세로: 210(mm) | 소설, 자서전, 에세이, 여행기 등에서 주로 사용하는 크기 |
| 4*6판 | 가로: 128(mm)<br>세로: 188(mm) | 소설, 수필, 시집 등은 물론 소책자에도 흔히 사용하는 크기 |

| 기타 | 기타 규격 판형으로는 국반판(105×148), 국배판(210*297), 46배판(188*257), 크라운판(176*245) 등이 있으며, 비규격 판형은 가로세로 길이를 제작 시 재단을 통해 마음대로 조정할 수 있습니다. |
| --- | --- |
| | ※ 판형은 보통 출판사에서 정하나 자신의 책에 적정하다고 생각되는 판형을 선택해서 기획서에 표시해도 괜찮습니다. |

◎ 시중에 나오는 단행본 대부분은 표에서 정리한 세 판형으로 보아도 무방합니다.

 이 판형이라면 A4용지로 80~100페이지 정도, 원고지 600~800매 정도면 한 권 분량이 나옵니다. 이때 필요한 소제목 꼭지 수는 30~50꼭지, 한 챕터당 1.5~2페이지 정도입니다. 이 정도면 책으로 대략 200페이지 안팎이 나옵니다. 더 적은 분량의 책도 흔하지만 최소 이 정도는 돼야 독자가 책에 쓴 비용을 아깝지 않게 생각합니다.

◎ 요즘 에세이 중 표에 정리한 128*188mm 판형으로 나오는 게 많습니다.

 전문서적이 아닌 이상 크고 두꺼운 책보다는 작은 사이즈로 아담하고 소장하기 좋은 책을 선호하는 경향을 보이고 있습니다. 에세이 책 대부분이 비슷한 판형으로 나오기 있으니, 에세이를 출간한다면 책 판형을 미리 살펴보시면 좋습니다.

◉ 책 크기를 선택할 때는 책의 분량과 장르, 휴대성 등을 고려하는 것이 좋습니다.

무엇보다 자신이 출판하고 싶은 크기가 있다면 사이즈를 정하여 출판사에 어필하는 것도 좋습니다.

▶ 휴대성: 요즘 독자들은 대개 작은 책을 선호합니다. 작고 가벼운 책은 이동하며 휴대하기가 쉽습니다.

▶ 장르: 장르별로 책의 크기가 정해진 건 아니지만 소설, 에세이 등 읽는 책은 표에 나온 세 가지에서 거의 벗어나지 않습니다. 이미 독자가 거기에 익숙해졌다는 말입니다. 따라서 자신의 책 분야에 맞춰 판형을 고려하고, 원고 분량도 그것에 맞게 쓰면 훨씬 효율적입니다.

▶ 특성: 앞에서 언급한 것처럼 분야에 따른 판형을 선택해야 하지만 자신의 책은 분야에 속하면서도 차별화되는 특성이 있다면 규격 판형을 고집할 필요는 없습니다. 에세이나 이미지가 많은 포토 에세이집 같은 경우라면 판형을 달리할 수도 있다는 말입니다.

## 7. 본문 쓰기

⊘ 책 쓰기의 가장 핵심인 본문 쓰기는 초보 작가의 경우 쉽게 접근하는 방법은 서론-본론-결론 3단계 형식입니다.

어떤 내용으로 한 장의 내용을 전개할지 스토리보드를 짜고 글을 쓰면 조금 더 편하게 쓸 수 있습니다. 스토리보드는 대본을 다 쓰는 것이라기보다는 내용 전개에 필요한 소재를 키워드 중심으로 쓰고 살을 붙여나가는 형식, 마인드맵 방식을 써봐도 좋습니다. 작성한 개요를 통해서 이야기를 전개해 나갈 수 있으면 됩니다.

⊘ 서론 쓰기

글의 서론은 도입부로 매력적인 내용으로 시작하는 것이 좋습니다. 도입부를 시작하는 방법으로 정해진 것은 없지만, 아래와 같은 방법을 사용하면 독자를 사로잡는 도입부를 쓰기에 조금 수월하게 시작할 수 있습니다. 처음 글을 쓰는 사람은 어디서부터 시작할지 몰라 주저하는 경우가 많아서, 쓰려는 주제를 잡았다면 아래 형식 중 하나를 골라 이야기를 시작해 보세요.

- 인용구로 시작하는 경우: 유명 작품의 문장이나 명언 등으로 시작

- 비유로 시작하는 경우: 상황을 묘사하거나 비유하는 장면으로 시작

- 용어 풀이로 시작하는 경우: 전문적인 용어 풀이로 시작하여 내용을 연결

- 경험으로 시작하는 경우: 자기 경험을 이야기하며 시작

## ✓ 본론 쓰기

- 글의 내용이 본격적으로 펼쳐져야 합니다. 글의 분량은 서론 – 본론 – 결론, 세 부분 중 본론이 가장 많은 부분을 차지합니다. 서론에서 제시한 내용을 연결해서 이야기를 전개합니다.

- 본격적으로 들려줄 줄거리가 있어야 합니다. 목차를 짜면서 미리 어떤 내용을 넣을지 키워드 등을 나열했다면 살을 붙여 이야기를 전개해야 합니다.

- 자신의 일화 + 인용 + 메시지 등을 담으면 분량을 채우기 수월합니다.

▶ 분량 채우기에 한계가 있다면 대화체 문장을 넣어 이야기를 구성하면 조금 더 빨리 페이지를 채울 수 있습니다. 그러나 모든 장(챕터)을 같은 방식으로 쓰는 것은 자칫 지루하게 느껴질 수 있으니 자제해야 합니다.

▶ 본문 내용을 채우기 위해 명언 등 타인의 글을 지나치게 인용하면 타인의 글처럼 보일 수 있으니, 적절한 인용이 필요하며, 자신의 사유가 들어갈 수 있도록 합니다.

## ✓ 결론 쓰기

결론은 글을 마무리하는 부분입니다. 정해진 분량은 없지만 한 단락 정도의 분량이 적당합니다.

챕터의 제목을 생각하며 메시지가 들어가 있는지 다시 한번 내용을 정리합니다. 나는 무엇을 전달하려고 했나를 생각하며 결론 부분에 그 사유가 이어지도록 하면 긴 여운을 줄 수 있습니다.

방법이 어렵다면 꼭지 제목에 답하거나 서론 도입부에서 사용한 문장과 단어, 어구 등을 생각하며 글을 끝맺음하는 것도 좋습니다.

# 8. 퇴고하기

◎ 본문 수정하기

 장과 꼭지의 메시지와 내용이 잘 연결되는지 확인합니다. 너무 늘어지거나 긴 문장이 있는지 확인하고, 되도록 간결하게 잘라 씁니다.

 한 문장, 혹은 가까운 문장에서 불필요하게 중복된 단어는 유사어로 바꾸고, 내용이 중복되면 삭제, 수정합니다.

 오탈자, 띄어쓰기, 맞춤법 등을 확인합니다. 비문이 있는지도 확인합니다. 『내 문장이 그렇게 이상한가요』를 참고하면 좋은 문장을 쓰는 데 도움이 됩니다.

 들여쓰기는 하지 않아도 출판사에서 처리합니다.


◎ 소리 내 읽기

 운율을 따지지 않는 산문이라 하더라도 막힘없이 매끄럽게 읽힌다면 가독성이 높아집니다.

운율까지 고려하여 산문을 쓸 수는 없지만 읽다 보면 비문이 아니어도 연결이 부드럽지 않거나 조사가 반복해서 이어지는 등, 읽기를 방해하는 곳이 나타납니다.

이를 염두에 두고 먼저 컴퓨터 화면으로 읽습니다. 문장을 눈으로만 읽기보다 입으로 소리 내 읽으면 걸리는 부분이나 비문을 확인하기 쉽습니다. 발견된 부분을 수정하고 다음에는 출력하여 다시 읽으며 자꾸 걸리는 부분과 중복되는 부분은 수정합니다.

### ✓ 맞춤법 검사하기

아래한글 프로그램 메뉴에서 [도구] ➡ [맞춤법 검사]를 먼저 실시합니다. 전체 원고를 [한국어 맞춤법/문법검사기]를 이용하여 맞춤법을 돌리고 오류를 수정합니다. 다만 글자 아래 빨간 줄로 표시되는 오류가 모두 틀린 건 아니니 재확인이 필요합니다.

### ✓ 이미지 파일 저장하기

원고에 사용되는 이미지 파일은 챕터를 표시하여 차례대로 이름을 붙이고, 따로 작업해 놓으면 편합니다.

챕터1-1, 챕터1-2 / 챕터2-1, 챕터2-2…

이미지는 본문에 넣어 작업해도 되나 파일 용량이 커져 불편함이 따르므로 원고에는 이미지 이름(챕터1-1)만 표시하고, 따로 저장합니다. 출판사에 원고를 보낼 때는 저장한 이미지를 압축하여 첨부해도 됩니다. 사진 등 이미지 파일은 컬러로 인쇄해야 할 경우 출판사에서 원본을 요구하니 이를 확인해서 저장합니다.

### ⊘ 학생 이름과 사진 확인하기

학교나 학생 이야기를 다룬 글이라면 등장하는 학생의 이름은 가명이나 이니셜로 처리합니다. 학생 얼굴이 드러나는 사진은 미리 동의를 구하거나 사진을 교체합니다. 교체할 사진이 없으면 넣지 않거나 모자이크 처리합니다.

### ⊘ 출처 확인하기

저작권법 강화에 따라 모든 인용은 허락을 받는 것이 원칙입니다. 시 등 전문을 허락 없이 옮겨 인용하고 출처를 밝히는 것만으로는 위험할 수 있습니다. 인용 허락이 쉽지 않다면 그대로 인용하기보다는 자신의 글로 풀어서 옮기면 됩니다. 자세한 사항은 편집자와 함께 상의하면서 조정하는 것이 좋습니다.

⊙ 출처를 표시할 때 쓰는 꺾쇠 등 문장 부호는 보통은 아래와 같이 쓰나 출판사에 따라 다릅니다.

- 영화, 드라마, 게임, 신문, 음악(노래), 잡지: 〈 〉
- 책, 단행본: 『 』
- 보고서, 논문, 시, 단행본에 속한 단편: 「 」
- 소프트웨어 등 프로그램, 시리즈 명: ' '

# 9. 프롤로그와 에필로그 쓰기

### ⊘ 프롤로그와 에필로그 쓰는 시기

프롤로그와 에필로그는 투고할 때 보내지 않아도 됩니다. 그래서 원고를 쓸 때 처음부터 쓰지 않아도 되고, 원고를 완성한 후 써도 상관없습니다. 처음부터 어떤 기획 의도를 가지고 썼는지 프롤로그부터 써 내려간다면 좋겠지만, 대부분은 원고를 다 쓴 후에 이 책을 쓴 이유가 더 명확해지기도 합니다. 저 같은 경우 글을 다 쓴 후에 쓰기도 하고, 출판사에서 원고를 수정할 때 겨우 써서 보내기도 했습니다. 우선 원고에 집중한 다음 원고가 다 완성된 후에 차분하게 독자들에게 할 말이 무엇인지 생각해 보면 됩니다.

### ⊘ 분량

분량은 A4 1~1.5장 정도면 좋습니다. 프롤로그가 너무 길어지면 본문을 다 읽기도 전에 뒷장을 넘겨보며 지루해지는 경향이 있습니다. 적절하게 밀고 당기며 궁금해지는 정도와 안내하는 내용으로 담으면 효과적입니다. 에필로그 또한 책을 다 읽었는데 많은 분량의 내용을 부연 설명하고 있다면 글에서 받은 감동이 반감될 수 있으니, 자신이 독자라고 생각하고 적정한 분량으로 마무리하도록 합니다.

### ◉ 프롤로그와 에필로그 둘 다 쓰기

"프롤로그와 에필로그 둘 다 써야 하나요?"라고 묻는다면 정답은 없다고 하겠습니다. 보통 프롤로그 하나만 쓰는 책도 많지만, 글의 처음과 마지막 모습이라고 생각하면 두 개를 각기 다른 느낌으로 써보시는 것이 좋습니다. 둘이 내용이 같은 듯 다른 묘미가 있으니까요.

프롤로그는 책 전체의 안내서와 같고, 에필로그는 책을 함께 읽어준 독자에게 남기는 메시지라고 생각하면 됩니다. 두 개 모두 독자에게 전달하려는 메시지가 들어있지만 다르게 구분한다면 나름대로 싶게 여운을 남길 수 있습니다. 저 같은 경우 프롤로그는 독자와 만나는 첫사랑의 설렘처럼, 에필로그는 사랑했던 연인과 헤어질 때처럼 긴 여운을 남길 말들이 들어가도록 합니다.

### ◉ 감사 인사 처리하기

책을 낸 기쁨에 감사 인사를 프롤로그부터 나열하는 예도 있으나 독자는 책 서문부터 그 인사를 읽고 싶은 생각은 없습니다. 또한, 에필로그에도 시상식처럼 이곳저곳에 가득 감사 인사를 적는 경우가 있습니다. 이 또한 독자 입장에서 그리 환영할 일은 아닙니다. 감사의 말은 글의 내용을 해치지 않도록 에필로그 뒤편에 짧게 적거나, 감사할 사람이 많다면 에필로그와 별도로 감사 글을 따로 빼는 것도 좋습니다.

## ⊘ 문체

 프롤로그와 에필로그에 쓰는 문체를 경어체로 쓰면 책의 분위기가 다정해지면서 조금 다른 분위기를 줄 수 있습니다. 어미를 '~ 합니다, ~습니다'로 쓰면 상대방을 존중하며 다정하게 이야기하는 것과 같은 효과를 줄 수 있습니다.

## ⊘ 프롤로그 예시

『배움의 시선』

교사의 배움에 대한 시선이 단지 지식 축적과 성공을 위한 목표물에 정조준되어 있다면 아이들은 언제까지나 경쟁교육에 빠져 행복한 삶을 그려보는 시간은 꿈꾸지 못할지도 모릅니다. 선생님들이 가지고 계시는 사랑, 도전, 행복, 만남, 관계, 생각, 소통, 역량, 성장의 키워드는 아이들과의 수업에서 즐거운 배움을 실현해 줄 소중한 시선입니다. 미래에 보석이 될 아이들은 선생님이 심은 씨앗입니다.

아이들이 지식 너머의 또 다른 세상을 만나기 위해 조금 더 따뜻하고 섬세한 시선으로 수업을 바라봐주세요. 배움에서 삶을 살아갈 수 있는 단단한 힘을 기를 수 있도록 선생님의 따뜻한 철학으로 역량을 길러주세요. 교사로서 그 무엇보다 수업 속에서 더욱 빛나는 선생님과 아이들을 발견하게 되시길 바랍니다.

## ⊘ 에필로그 예시

『오늘도 교사로 걷는 당신에게』

교직에 들어서서 숨 가쁘게 달려 온 삶, 하루하루 버거워도 아이들과 보낸 소소한 즐거움과 행복으로 일 년을 보내다 보니, 어느덧 23년이 지났다. 힘들 때마다 내 인생에 봄은 언제 오나 싶었는데 돌아보니, 교사로 아이들과 함께한 삶이 나에게는 언제나 꽃 피는 봄이었구나 싶다. 걸어온 시간보다 걸어갈 날이 짧다는 것을 느끼는 순간 가끔은 교정에 흐드러지게 피는 벚꽃이 더욱 아쉬울 것 같다. 그런 마음으로 하루하루 소중하게 교사의 걸음을 옮기려 한다.

"내 아이들의 좋은 선생님으로 특별한 삶을 살아가고 있는 그대에게,
오늘도 자부심을 가지고 묵묵히 교사로 걷고 있는 당신에게
봄날 같은 따뜻한 위로와 지지를 보냅니다.
대단치 않은 삶일지라도 가치 있는 일을 해 나가는
우리의 평범한 일상에 박수를,
그리고
외로운 길 함께 손잡고 가자는 마음을 전합니다."

## 10. 출간기획서 쓰기

◎ 출간기획서는 내 책을 출판사에 홍보하는 프레젠테이션이라고 생각하면 좋습니다.

즉, 상품 홍보 설명서라고 생각하면 됩니다. 출간기획서는 초고를 작성한 전후는 물론 어느 때나 써도 무방하나, 대개는 초고를 다 작성한 후에 글을 살피며 쓰게 됩니다. 여기에는 다음 내용이 들어가야 합니다.

1. 제목(가제)
2. 원고 분량, 책 사이즈, 정가, 사진 유무 등
3. 저자 소개
4. 기획 의도
5. 타깃 독자층
6. 경쟁 도서와의 차별점
7. 홍보 전략
8. 목차

## ◯ 출간기획서 양식

대부분 출간기획서 형식은 한글 파일로 되어 있습니다. 인터넷 검색으로도 비슷한 형식의 틀을 찾아볼 수 있습니다. 그러나 기존의 틀에 얽매이기보다는 기획서의 필수 내용을 참고하여 자신을 더욱더 잘 나타낼 수 있는 형식으로 쓰면 출판사 눈에 띄는 효과를 얻을 수 있습니다. 요즘은 캔바나 미리캔버스 등으로 작업하여 더욱더 홍보 효과를 노리기도 합니다.

▶ 기획서 예시

나는혁신학교교사입니다

## 11. 투고하기

### ⊘ 투고할 출판사 찾기

투고할 출판사 이메일을 돈 받고 팔 정도로, 한 사람의 수고가 들어 있는 결집체라고 할 수 있습니다. 자신의 책을 만들어줄 출판사를 두 발로 뛰어 자기 손으로 자기만의 리스트 만들어두는 것을 권합니다.

투고할 출판사는 온라인 서점, 출판사 홈페이지나 오프라인 서점에 가서 서적을 탐독합니다. 내 책과 비슷한 내용을 출판한 책을 찾습니다. 책 앞뒤 날개나 판권 면에 출판사 이메일이 있으니 차곡차곡 수집합니다.

한국출판인회의(https://www.kopus.org/member-memberlist/), 대한출판문화협회 https://www.kpa21.or.kr/members/memberlist/)에 들어가면 '회원사 명단' 탭이 있습니다. 그것을 누르면 목록과 이메일 등이 나옵니다.

자신이 찾는 출판사를 검색하면 수월하게 정보를 얻을 수 있습니다.

## ✓ 수집한 이메일 파일로 만들기

 수집한 이메일 주소를 파일로 저장하고, 어떤 출판사에 보내고 답이 왔는지 기록해 둡니다.

## ✓ 투고 메일 예약 전송

 투고 이메일 보내는 시간은 정해진 것은 없으나 되도록 편집자가 출근하여 제일 먼저 볼 수 있도록 월요일 오전, 출판사 출근 시간에 예약을 걸어두고 발송합니다.

## ✓ 개별 전송 체크 및 단독 투고

 투고 이메일은 이메일 체크박스에서 개별 전송을 체크한 뒤 다수의 출판사에 보냅니다. 꼭 계약을 맺고 싶은 출판사가 있다면 개별 전송 외의 제목에 출판사 이름을 따로 넣고 한땀 한땀 내용을 적어 보냅니다.

### ⊘ 투고 제목

 이메일 보낼 때는 제목에 '원고 투고합니다'라고 쓰고 내용에 정중하게 인사말을 쓴 뒤, 본문에는 저자 소개 및 책을 간략히 소개하는 내용을 씁니다. 맨 마지막에는 개별적인 연락을 염두에 두어 전화번호를 남기도록 합니다.

### ⊘ 투고하는 방법

 원고에 관심이 있는 곳은 하루 만에 회신이 오기도 하지만, 한두 달 혹은 몇 개월 뒤에 연락이 오는 일도 있으니, 차분한 마음을 가지고 될 때까지 투고합니다. 하루에 50개씩 투고하거나 시간이 많다면 한 주에 한 개씩 해보는 것도 좋고, 여러 가지 방법으로 해보도록 합니다.

### ⊘ 거절 메일 답신하는 방법

 거절 메일이 도착하면 당황하지 말고, 그 메일에도 다음에 맺을 인연에 대비하여 정중하게 답신을 보내도록 합니다. 바로 보내도 좋고, 차후에 보내도 되지만 되도록 훗날을 기약하며 답신하도록 합니다.

▶ (예시) 기획서를 대신하는 한 출판사의 투고 양식

## 투고합니다

1. 제목(혹은 가제)을 알려주세요.

2. 저자 연락처와 소개

- 이름:
- 이메일:
- 전화번호:
- 자기소개:

3. 책의 분야를 알려주세요.

4. 분량(원고지 매수나 아래한글 파일 글자 수)과 이미지 유/무 여부

- 분량: 200자 원고지 ○○○매 (한글 파일 ○○○○○자)
- 이미지: 있음 (○○개) / 없음 ( )

5. 집필 동기와 대상 독자?

6. 원고 내용을 요약해 주세요.

7. 같은 분야의 책을 적어주시고 그 책과 차별점은?

8. 출간 후 저자의 홍보나 마케팅 계획?

9. 원고 일부(목차 포함) 또는 전부를 파일로 첨부해 주십시오.

10. 기타 출판사에 전달하고 싶은 사항을 자유롭게 적어주세요.

▶ (예시) 투고시 보냈던 메일

---- 원본 메일 ----
보낸 사람 : 배정화<bi0708@naver.com>
받는 사람 :
날짜 : 21.05.17 09:00 GMT +0900
제목 : 나는 혁신학교 교사입니다.(교육에세이)-원고투고(배정화)


사랑합니다!
저는 경기도 부천의 한 중학교에서 근무하고 있는 21년차 중학교 교사 배정화입니다.
현재는 위 학교에서 혁신부장으로 근무하고 있고, 학교 선생님들과 혁신교육에 동참하며 열정적인 삶을 살고 있습니다.

혁신학교에 대한 무식쟁이에서
혁신교육의 리더로 성장하기까지

나 혼자만 유능한 교사가 되고자 했던 개인주의에서
동료들과 함께 고민하며 아이들을 성장시키기 위한 협력적인 교사가 되기까지

호봉이 올라갈수록 승진에 더 관심이 많았던 교사에서
가슴뛰는 성장의 길을 걷고자 다짐한 교사의 삶을 살기까지

혁신학교는 저에게 많은 의미를 안겨주었습니다.
4년간 혁신학교 교사로서 고군분투했던 성장하는 삶에 대한 이야기를 원고에 담았습니다.

원고 검토를 정중히 부탁드립니다.
귀 출판사와의 좋은 인연이 되기를 소망하며
귀한 시간 내주셔서 감사합니다.

**혁신교육으로 행복한 미래 교육을 꿈꾸는 배정화 드림**
**연락처 :**

▶ (예시) 투고 거절 메일에 대한 답신

2023년 11월 28일 (화) 오후 8:20

귀한 시간 내주셔서 원고 읽어주시고 피드백 해주셔서 감사드립니다.
좋은 원고로 다시 뵙기를 기원하고, 독자로도 응원하겠습니다.
평안한 밤 되십시요^^

감사합니다.

교사 배정화 ^^

## 12. 출간 계약 시 알아두어야 할 일

원고가 출판사의 방향과 맞으면 출판사에서 연락이 오고, 계약합니다. 직접 만나 계약서를 작성하는 예도 있으나, 종이 문서에 서명해서 출판사로 보내거나 전자문서에 서명하여 온라인으로 보내게 됩니다.

### ⊘ 출판의 종류

최근에는 출판 방식도 다양합니다. 저자가 직접 비용을 내고 제작하는 자비출판이 있고, 출판사와 저자가 반반의 비용을 지불하고 출간하는 반기획 출판이 있습니다.

투고한 원고를 출판사가 채택하여 저자에게는 저작권 이용료(인세)를 지급하고 출간하는 기획 출판도 있습니다. 여기서 알려주는 출판은 자비를 들이지 않고, 출판사의 선택을 받는 기획출판입니다.

### ⊘ 계약 시 알아두어야 할 것

▶ 인세(印稅): 인세는 저작자에게 저작물이 판매되는 만큼 일정 비율로 치르는 금액입니다. 인세율은 저자나 출판사마다 다르나 보통은 책 정가의 6%~10%입니다. 계약을 하면 계약금을

받게 되는데 선인세의 개념입니다. 선인세는 팔릴 책의 인세를 미리 주는 것입니다. 선인세와 달리 팔린 다음에 지급하는 후인세도 있으며, 인세 지급은 분기별, 또는 6개월, 1년마다 정산하여 지급됩니다.

▶ 출판 부수: 유명작가가 아니면 초판의 경우 1,000부~2,000부 정도를 찍는다고 합니다. 출판시장이 갈수록 좋지 않아 초판 부수가 줄어드는 추세입니다. 초판 부수는 계약서에 명시하고 초판 완판 후 재쇄에 따른 사항도 명시합니다.

▶ 계약 기간: 계약 기간은 출판사가 그 책을 출판할 권리를 갖는 기간을 가리킵니다. 계약서에는 계약 기간이 계약서에 명시되고, 대부분은 5년의 계약을 합니다. 출판권이 계약한 출판사에 있으므로 계약 기간에는 같은 내용의 책을 다른 출판사에서 출판할 수 없습니다. 계약 기간 내라도 책이 잘 팔리지 않으면 출판사는 출판권을 포기하고 계약을 파기할 수 있습니다.

▶ 출간 시기: 완전한 원고가 인도되는 시기와 출간 날짜를 협의하여 명시하고, 출간이 미뤄지거나 계약이 파기되는 일이 없도록 합니다.

▶ 계약서(예시): 양식은 출판사마다 다르나, 대부분 아래와 같은 형식입니다.

## 출판 계약서

<저작자·저작물 표시>
저작자: 배정화
저작물: 교사의 책쓰기(가제)

위의 저작물을 출판하면서 저작자 배정화(이하 '갑')와 출판사 밥북(이하 '을')은 다음과 같이 계약을 체결한다.
--------------------------------------------------------

## 13. 저자 프로필 쓰기

◇ 작가 소개 글은 추후 온라인 서점에 게재되고 앞날개에도 들어갈 내용입니다.

A4 10줄 분량이 적정합니다. 간결한 문장으로 자신을 표현합니다. 출판사에서는 경력 나열이 아닌 글로 풀어 표현하는 것을 원합니다. 작가 소개 글은 의외로 마지막까지 공들여 글과 어울리게 자신을 표현해야 하는 작업입니다. 혹시 쓰기 어렵다면 좋아하는 작가를 찾아서 그 사람의 소개 글을 보며 따라 해도 좋습니다.

◇ 소개 글과 함께 책날개에 쓰일 사진을 찍습니다.

출판사에서는 저자 프로필 사진을 강요하지는 않지만, 그래도 첫 책을 내는 작가라면 사진관에서 프로필 사진을 찍기를 권합니다. 출판사로 보내는 사진은 상반신, 혹은 전신사진이면 좋습니다. 원하지 않으면 패스해도 됩니다.

◎ 간략한 저자 소개는 투고할 때 보내지만 대개 원고 계약이 되고, 글을 탈고하는 과정에서 책에 들어갈 내용으로 출판사에서 다시 요구합니다.

이때 저자 소개 내용을 파일로 따로 작성하고, 자신이 활동하고 있는 블로그, 인스타 등의 SNS 주소를 함께 기재하면 됩니다. 작가로 활동하기로 한 이상 대내외적 활동이 가능해야 합니다. 작가의 활동 출처는 추후 강의 문의 등의 연락으로 이어지기도 합니다.

◎ 저자 소개는 새 책을 낼 때마다 온라인 서점에 업데이트됩니다.

이전 것은 지워지고 새로운 내용이 올라가며, 같은 출판사일 경우 이전 내용을 그대로 쓰는 일도 있으니 요청해서 바꾸면 됩니다. 제 책에 들어간 소개 글을 예시를 보여드리니, 책의 특성과 트렌드에 맞게 자신의 성향과 특징을 드러내 보기 바랍니다.

▶ 저자 소개 예시

- 이 책에서는 혁신학교에서의 유공과 행적을 위주로 기술했으며, 교실 수업에 대한 전문성을 나타내기 위해 연구대회에서 수상한 내용을 함께 실었으며, 그 이후에는 교사로서 소소하지만 특별한 삶에 관해 기술했습니다.

『나는 혁신학교 교사입니다』

한문 교사로 교직에 입문해 21년째 교사로 재직하고 있다. 지금까지 좋은 선생님, 연구하는 선생님, 수업 잘하는 선생님이 되기 위해 노력했고, 혁신학교에서 혁신부장으로서 행복한 학교 만들기와 동료와 함께 성장하는 삶에 더욱 즐겁게 몰입하고 있다.

2015년 자유학기제를 통해 배움 중심 수업에 관심을 갖게 되면서, 2017년 제2회 자유 학기 실천 사례연구대회 교실 수업 분과에서 교육부 장관상을 수상했다. 그 후 혁신학교에서 근무하면서 수업 나눔을 통한 수업 혁신을 실천하고 있다.

현재 건국대 교육대학원에서 혁신교육을 전공하는 한편 혁신학교 아카데미에서 지역사회 전문가 과정을 밟고 있다. 배움은 배신하지 않는다는 비전을 가지고 오늘도 열공 중이며, 교사로서 가슴 뛰는 성장의 삶을 살고 있다.

"학교에 첫 출근했을 때 나를 쳐다보는 아이들의 반짝이는 눈빛을 마주하고 더 이상의 행복은 없다고 생각했다. 실패와 좌절 후에 만난 아이들은 내게 더 특별했고, 늘 후회 없이 사랑으로 가르쳤다. 몇 해 전 제자의 결혼식에서 축사하면서 아이들 덕분에 내 인생이 조금은 특별하고 아름답게 느껴졌다."

- 블로그 http://blog.naver.com/bi0708
- 인스타 www.instagram.com/j.flower0708.com
- 이메일 bi0708@naver.com

◎ 예시를 참고하여 출간할 책의 성격을 생각하며 저자의 특성을 잘 살려줄 내용을 담아보세요.

평소 좋아하는 작가들은 어떻게 저자 소개를 하고 있는지 탐색하고, 모방하는 글쓰기를 해도 좋습니다. 계속해서 책이 출간될 때마다 자신의 이력이 업데이트될 수 있도록 전문적인 성과들이 올라가면 더 신뢰감을 줄 수 있습니다. 저자 소개 뒤에는 홍보 루트가 될 수 있는 소셜 네트워크 서비스 주소를 기재하면 독자가 저자 소식을 쉽게 접할 수 있습니다.

## 14. 추천사 받기

◎ 좋은 추천사를 실어 홍보 마케팅에 활용하기

- ▶ 추천사는 글을 더욱 빛내주고 독자가 저자를 신뢰하게 합니다. 무조건 유명한 사람보다는 홍보가 가능한 사람에게 받는 것이 좋습니다.

- ▶ 너무 많은 인원보다는 5~6명 정도의 추천인이 적당합니다.

- ▶ 교사, 수석교사, 전문직(장학사, 연구사), 관리자(교장, 교감), 작가 등 다양한 교직 분야의 사람을 선정하면 더욱 홍보 효과가 있습니다.

- ▶ 추천사를 요청하고 받을 때 대부분의 금전적 사례를 하지만, 교직 사회에서는 큰돈을 요구하는 일은 없습니다. 다만, 책이 나올 때쯤 책과 함께 소정의 쿠폰 등 감사의 마음을 담아 전달하면 예의를 갖출 수 있습니다.

- ☑ 추천사 내용이 1~2줄 정도라면 뒤표지에만 넣고, 10줄 이상이면 본문과 뒤표지에도 들어갈 수 있습니다.

 추천사를 받을 사람을 선정하고, 추천사를 받은 후에는 내용을 정리합니다. 불필요한 내용이 있다면 출판사에 보내기 전에 저자가 다듬어도 무방합니다. 많은 추천인이 있다면 책에서 임팩트 있는 배치도 고려하는 것이 좋습니다. 가장 먼저 어떤 사람의 글이 올라오게 할 것인지도 선정하여 출판사에 귀띔해 주는 게 좋습니다.

- ☑ 추천사를 부탁하는 시기는 원고 탈고가 마무리된 시점이 좋습니다.

 어느 정도 정돈된 글을 보내는 것이 읽기에 수월합니다. 한글 파일로 보내거나 pdf 파일로 보내며, 원고 전체를 보내도 되고, 샘플 원고를 챕터별로 추려서 보내도 괜찮습니다.

- ☑ 추천사 살펴보기

  ▶ 추천사는 프롤로그 앞쪽에 들어가고, 중요한 문장을 뽑은 1~2줄은 뒤표지나 뒷날개에도 실리게 됩니다. 영향력 있는 사람의 글이나, 임팩트 있는 글을 앞쪽에 배치하면 독자의 시선을 사로잡을 수 있습니다.

『오늘도 교사로 걷는 당신에게』

이 책은 첫 장을 넘기는 순간부터 마지막 장까지 눈을 떼지 못하고 빠져들게 됩니다.

교사를 시작하게 된 이유가 이 책의 저자와는 각자 다르다 하더라도 교사라면 한 번쯤 갈등하고, 고민하고, 아파했을 소소한 이야기가 저자 특유의 유머러스함과 솔직한 고백이 만나며 깊은 공감을 불러옵니다.

독자들에게 개인의 삶 속에서 교사라는 이름이 가져다준 선물은 무엇이 었는지 그 기억을 자연스레 회상시키며 교사로 성장해가는 녹록지 않은 여정 속에서도 학생을 향한 온전한 시선과 사랑, 행복한 교육을 희망하는 걸음걸음을 채근하지 않고 다독여 줍니다.

마지막 책장을 덮으면서 반복된 일상으로 지치고 딱딱해진 내 마음 한 구석이 말랑해지고 따뜻해짐을 느끼게 될 것입니다. 이 시대에 교사로서 성장통을 겪고 있을 모든 이들이 이 책을 통해 교육자로서 걸어가는 길에 따뜻한 위로와 힘을 얻을 수 있길 응원합니다.

- 이향재 (신일비즈니스고등학교 교장)

아마도 당신은 이 책을 단 숨에 읽어 내려갈 것이다!
작가를 통해 귀로 들은 듯한 생생한 이야기,
그리고 마치 '뭐야, 내 얘기야?' 하며 어느새 몰입되어 버린다.

아이들에게 먼저 손을 내어주는 교사이고 싶었던 선생님에게
미처 그때는 보지 못했던 선생님의 관심과 사랑을 꺼내 보고 싶은 학생에게, 당신 다음으로 아이들을 사랑했던 교사의 이야기를 궁금해하는 학부모에게, 3월이면 다시 만나게 될 방문객들, 우리 서로가 환대하길 바라며 이 책을 추천한다.

- 고윤경 (경기도 훈민중학교 수석교사)


『밟지 말아야 할 것을 밟고 말았다』

호기심에 이끌려 이 책을 집어 들었다면 당신은 아마 어마어마한 삶의 소용돌이 속으로 들어가게 될 것이다. 책장을 처음 넘기는 순간부터 마지막까지 저자의 이야기에 깊이 공감하며 내 상처의 크기까지 마주하게 된다.
누구에게나 들키고 싶지 않은 상처 하나쯤은 가지고 있다. 저자가 드러낸 아픔과 상처는 어쩌면 우리가 가지고 있는 상처의 또 다른 변형일 뿐이다. 우리는 어른이지만 사는 매 순간이 처음이기에 늘 실수투성이다.

그래서 여전히 아프고, 그러면서 성장해 간다. 이렇게 매년 다른 색깔과 향기로 변해가는 인생을 살아가기에 앞으로 다시 사랑으로 피어날 저자의 삶이 더욱 기대되고, 지금의 상처까지 아름다운 이유다.

누구의 삶이 그다지 궁금하지 않은 요즘, 타인의 삶의 이야기가 가만히 내 마음에 들어왔다. 그리고 다시 삶을 정비하고 나아가게 할 희망까지 허락해 주었다.

아픔은 누구에게나 있다고, 그러니 괜찮다고, 다시 용기 내 보자고 말이다. 그 어느 것도 영원한 건 없다고 저자는 말한다. 그러나 우리는 모든 것이 영원하지 않을 것처럼 지금, 이 순간을 아름답게 살아내면 될 뿐이다. 그녀가 그랬던 것처럼.

저자의 단단해질 삶의 궤적이 그녀의 학생들에게는 더 큰 사랑으로, 한부모 가정에는 희망의 메신저로 다가갈 수 있기를 응원한다. 더 나아가 삶의 크고 작은 아픔과 상처로 위안이 필요한 모든 이에게 이 책이 큰 위로와 지지가 되기를 바란다.

- 배정화 (오늘도 교사로 걷는 당신에게, 나는 혁신학교 교사입니다 저자)

## 15. 출간 후 홍보하기

✓ 출간 후 2주간은 책의 흥망성쇠를 좌우하는 홍보 기간입니다.

온라인 서점에서 판매지수를 확인하며 자신의 책이 잘 팔리고 있는지 파악합니다. 출판사에 따라 예약판매 기간을 두고 2주 동안 홍보한 후에 책이 출간되기도 합니다.

✓ 출판사에 제출한 기획서에 있던 내용과 협의한 내용을 토대로 홍보를 시작합니다.

첫 책이니만큼 지인들에게 자신이 작가가 됐음을 알리는 것이 중요하고, 기쁜 마음으로 서로 연락하며 책 내용을 전달합니다.

✓ 지인 홍보

카카오톡 선물하기가 활성화되어 있어 지인들에게 선물하는 용도로 활용하면 좋습니다.

### ⊙ 도서관 도서 신청

지역도서관이나 본인 학교 도서관, 교육대학원 등에 지인, 가족 찬스를 활용하여 도서 신청을 합니다.

### ⊙ 서평 이벤트

출판사에서 마련해주는 서평 이벤트나 자신의 블로그 인스타 등을 활용하여 서평 이벤트를 합니다. 책 서평을 잘 써줄 독자들에게 저자 사인본을 정성스럽게 포장하여서 부치면 됩니다. 책을 받은 회원들은 자신의 블로그나 온라인 서점 3사에 서평을 남길 수 있도록 하여 출간된 책이 호평 속에 많이 노출될 수 있도록 합니다.

### ⊙ 북토크

출판사 또는 참여하는 모임이 있다면 북토크를 통해 책을 홍보합니다. 북토크에 참석한 사람들의 참석 후기를 통해 책의 홍보 효과를 기대할 수 있습니다. 동네 서점 북스테이 등을 찾아 북토크를 제안하는 방법도 있습니다.

◇ 유튜브 출연

 책을 소개하는 유튜브 등의 출연이 가능하다면 자신의 책 내용을 토대로 인터뷰하며 책을 홍보하도록 합니다. 홍보할 방도가 없다면 자신이 유튜브를 개설하고 자신의 책을 소개하는 내용의 영상을 한편씩 올려보는 것도 방법입니다.

◇ 도서관 등에 책과 함께 강의 제안서를 넣어 보내면 책 홍보와 더불어 강연의 기회까지 얻을 수 있습니다.

◇ 강의에 나가는 분이라면 강의를 마치고, 운영자와 참석자에게 한두 권 정도 사인본을 증정하여 홍보할 수 있도록 합니다.

◇ 블로그 및 인스타 홍보

 개인적으로 블로그 및 인스타를 통해 자신의 책 내용을 카드 뉴스 등 홍보물로 만들어 주기적으로 노출해 주어야 합니다. 하지 않던 일이라서 쑥스럽고 겸연쩍더라도 주기적인 온라인 노출은 홍보로 이어지고, 책이 잊혀지지 않는 방법입니다.

## 책 쓰기로 삶에 '변화'라는 소스를 부어주길

글쓰기가 내 서랍 속 어딘가 묻히는 추억이라면, 책 쓰기는 누군가의 책장에 꽂히는 성과를 가져다줍니다. 글쓰기는 마음 내킬 때 하면 되지만 책 쓰기는 이미 시작했다면 무라도 썰어야 생채가 완성됩니다. 글쓰기가 심심풀이 땅콩이었다면 책 쓰기는 심심하다고 덤빌 수 있는 일은 아닌 무게와 책임이 따르는 일입니다. 그래서 글쓰기와 달리 책 쓰기는 저자라는 타이틀을 안겨주지요.

책을 쓰면 알게 됩니다. 글쓰기와 책 쓰기는 엄연히 다르다는 것을요. 마냥 즐겁지만은 않은 책 쓰기를 하며 거의 탈모 수준의 스트레스를 받기도 했고, 가끔은 정신병이 아닌가 할 만큼 글쓰기에 집착할 때도 있었습니다. 책 쓰기의 시작은 주제와 제목 정하기, 대상층 설정, 맛깔나는 문체로 독자를 유혹하는 일, 홍보 전략까지 해내야 할 것이 너무도 많은 출전 경기입니다. 글쓰기가 개인 풀장에서 유유자적하게 노니는 튜브 타기였다면 책 쓰기는 망망대해에서 살아남기 같은 거대한 프로젝트일지도 모릅니다.

이래서 오늘도 자판에 손을 올리기가 두려운가 봅니다. 그러나 책을 쓰는 일도 결국 글쓰기에서 시작되니 너무 겁먹지 마세요. 그래도 조금은 비장한 자세로 글쓰기를 시작해 책 쓰기로 완성한다면 그 결과는 당신이 상상하는 그 이상일 것입니다.

멋모르고 시작한 책 쓰기는 올해도 계속되고 있습니다. 책 쓰기 고통이 큼에도 불구하고 무엇인가 새롭게 만들어내는 기쁨 때문일까요? 저는 이 일을 취미 삼아 하기도 하고, 새로운 나를 만나기 위한 준비로 매년 해내고 있습니다. 이토록 책 쓰기를 멈출 수 없는 가장 큰 이유는 글이 책으로 둔갑하여 나오는 순간, 그 이상한 울렁거림을 잊을 수가 없기 때문입니다. 책을 쓰고 난 뒤 느끼는 삶의 생동감은 오랫동안 긴 여운을 주며, 저를 또 나아가게 하죠.

누군가 언제까지 글을 쓸 건지 묻는다면, 아직은 정확히 대답할 수 없습니다만, 모든 일에 쉽게 질리는 제가 이 일을 그만둘 때는 아마 재미가 없어졌을 때, 혹은 글을 쓰면서 심하게 건강이 안 좋아졌을 때가 아닐까 싶습니다. 하지만 지금 말할 수 있는 건 아직은 그때가 아니라는 거예요. 저는 여전히 이 길에서 설레고 있으니까요. 이런 기쁨을 처음 쓰는 여러분에게도 친절히 알려주고 싶습니다.

세상에 작법서는 많지만, 나에게 맞는 책을 만나는 건 운명 같은 일입니다. 제가 쓴 이 책도 누군가에게 그런 책이 되길 바라며, 처음 책을 쓰고자 하는, 그래서 막막하기만 하여 쉽사리 펜을 들기 어려운 당신에게 큰 위안과 영감을 주었으면 합니다.

저는 휴일을 맞이해 또 이렇게 글을 쓰고 있습니다. 오늘은 아침나절 글을 쓰려고 출근한 카페에서 오래전 함께 근무했던 학교 동료를 만났습니다. 그녀가 다가온 줄도 모르고 열심히 타이핑하고 있었는데, 몰입했던 그 모습까지 멋졌습니다. 남들이 커피를 사러 드나들 때 저는 생산적인 일로 새벽을 맞이하고 있었거든요.

지금까지 교사로 안전하고 평온하게 살아왔다면, 책 쓰는 삶을 통해 선생님의 삶에 '변화'라는 소스를 조금만 부어주세요. 새콤달콤한 탕수육 소스처럼 인생이 어쩌면 조금은 달콤해지지 않을까 싶습니다.

제 책을 읽고 선생님이 썼던 글이 모여 한편의 책이 완성될 즈음엔 팬심 가득한 편지 한 통은 받고 싶습니다.

선생님들의 읽고 쓰는 삶을 응원하며 오늘도 내일도 건필하십시오.

오늘도 쓰는 사람
배정화

부록

# 외부 강의와 겸직 신고

## Check List

1. 강의료(강의 신고 등)
2. 겸직 신고

# 1. 강의료(강의 신고 등)

✓ 책을 쓰고 나서 강의할 경우가 생깁니다. 물론 이전에도 활동하던 분이라면 알겠지만, 교사의 경우 학교 및 교육청 주관 강의를 할 경우 학교 예산 편성 지침에 기재된 기준에 따라 강사료를 받습니다.

| 구분 | 지급 대상 | 지급 단가 | |
|---|---|---|---|
| 일반강사 II | ◆ 대학(교) 시간강사<br><br>◆ 5급(상당) 이하 공무원(장학관, 교육연구관, 교감, 장학사, 교육연구사, 교사 포함)<br><br>◆ 특별강사 및 일반강사I에 해당하지 않는 자 | 기본<br>130,000원<br>–<br>초과<br>60,000원 | 2025년 기준 학교예산 편성지침 |

## ✓ 원고료

| 구분 | 단위 | 지급 단가 | |
|---|---|---|---|
| 국문 | ◆ A4용지 1매당(글자 12포인트, 행간160, 상·하 여백 20mm, 좌·우 여백 25mm)<br>※ 강의 원고료는 시간당 2.5매 이내 | 15,000원 | 원고별 중복 지급 불가 |
| 외국어 | ◆ A4용지 1매당(글자 12포인트, 행간160, 상·하 여백 20mm, 좌·우 여백 25mm)<br>※ 강의 원고료는 시간당 2.5매 이내 | 13,000원 | |
| 파워포인트 | ◆ 1면당<br>※시간당 9면 이내 | 5,000원 | |

 2시간 강의를 할 때 강사료 19만 원과 원고료 9만 원(ppt 18매)을 합하여 28만 원의 강사료를 받습니다. 원거리 및 도서 지역의 경우 강의료와 별도로 항공료 및 숙박 지원 등을 받을 수 있습니다.

### ✅ 외부 강의 신고대상

책을 출간하고 출강하게 된다면 관리자로부터 외부 강의 신고에 대한 메시지를 종종 받을 수 있습니다.

---

▶ 나. 『공무원 행동강령』 제15조에 의한 신고

(1) 자신의 직무와 관련하여 또는 그 지위·직책 등에서 유래하는 사실상의 영향력을 통하여 요청받은 외부강의 중 사례금을 받는 경우에는 그 내역을 소속기관의 장에게 신고하여야 함.(소속기관의 공무원 행동강령 참조)

※ 다만, 외부강의 요청자가 국가나 지방자치단체(그 소속기관을 포함)인 경우는 신고대상이 아님

2) 신고대상에 해당하는 외부강의의 경우, 외부강의를 마친 날부터 10일 이내에 서면으로 신고하여야 함.

▶ 다. 외부강의는 소속 부서장의 사전 결재를 받아 출강해야 함.

(1) 모든 외부강의는 소속부서의 장으로부터 사전 결재를 받아야 함. 다만, 겸직허가를 받은 경우는 제외함.

---

표에서 제시한 바와 같이 국가나 지방자치단체 출강인 경우, 즉 학교와 교육지원청에서 요청한 강의 등은 외부강의에 해당하지 않으니, 공문에 근거하여 출장을 달고 출강하시면 됩니다.

✓ 그 외 강의는 외부 강의 신고 내부 결재 상신

4) 서식 및 용례
 가) 내부결재(외부강의 신고)

---

## ○○학교

수 신  내부결재
(경유)
제 목  외부강의 등 신고

1. 관련: 청렴초등학교-1234(2021. 1. 1.)호
2. 경기도교육청 공무원 행동강령 제19조(외부강의 등의 사례금 수수 제한)에 의하여 다음과 같이 외부강의 출강을 신고합니다.

| 소속 | 직위(급) | 성명 | 일시 | 장소 | 비고 |
|---|---|---|---|---|---|
| ○○학교 | 교사 | ○○○ | 2021. ○○. ○○. 14:00 | ○○대학교 | |

붙임  1. 외부강의 등 신고서 1부.
     2. 외부강의 요청공문 사본 1부.  끝.

## ○○학교장

---

담당자  ○○○    교감  ○○○
협조자
시행   ○○교 - (20○○. ○○. ○○.)   접수
우   ○○○○○   경기도 ○○시 ○○구 ○○로 ○○○    /
전화  (031)           전송  (031)       /       / 비공개(6)

## 2. 겸직 신고

✓ 저술 활동을 시작하면 '겸직 신고'에 대한 메시지가 자주 날아옵니다.

 교사들이 저술한 책은 대부분 단행본으로 일회적인 저술에 해당하므로, 겸직 신고에 해당하지 않습니다. 다만, 다음 내용에 해당하는 사항이 있다면 겸직 신고를 해야 합니다. 이후에 블로그나 유튜브 등의 활동이 늘어날 수 있으니 수익이 발생하는 활동에 대해서는 겸직 신고를 해야 합니다.

> ▶ (기타)
>
> ◆ 저술, 번역, 서적출판, 작사작곡 등
>
> - 1회적인 저술·번역 등 행위는 겸직허가 대상 업무에 해당하지 않으나 행위의 지속성이 인정된다면 소속 기관장의 겸직허가를 받아야 함
>
>   ※ (예) 주기적 업데이트 및 월 ○○회·연 ○○회 등 기간을 정한 저술 등
>
> - 직접 서적을 출판·판매하는 행위나 주기적으로 서적(학습지·문제지 등)을 저술하여 원고료를 받는 행위는 영리업무에 해당됨

◆ 블로그 활동

- 블로그를 계속적으로 제작·관리하여 수익을 얻는 행위는 영리업무에 해당하므로 겸직허가를 받아야 함

- 블로그 내용이 공무원으로서 부적절한 내용 또는 정책수행 등에 반하는 경우 불허

※ 업체 등으로부터 협찬을 받아 특정물품을 홍보함으로써 금전 또는 물품을 얻는 행위(예: 직·간접 광고) 등 금지

▶ 3. 겸직허가

◆ 가. 겸직 신청 대상

(1) (수익창출 요건이 있는 경우*) 인터넷 플랫폼에서 정하는 수익창출 요건을 충족하고, 이후에도 계속 개인방송 활동을 하고자 하는 경우

* 유튜브의 경우 구독자 1,000명, 연간 누적재생시간 4,000시간 이상이 수익이 창출될 수 있는 기본요건

(2) (수익창출 요건이 없는 경우*) 인터넷 플랫폼을 통해 수익이 최초 발생하고, 이후에도 계속 개인방송 활동을 하고자 하는 경우

* 아프리카 TV의 구독료는 별도의 수익창출 요건 없이 바로 수익발생

◆ 나. 겸직 허가권자: 소속기관의 장

-국가공무원 복무·징계 관련 예규-

## ✓ 겸직신청서 양식

**서식6** 겸직허가신청서-외부강의로 인한 겸직

# 겸직허가신청서
(외부강의 신청용)

| 인적사항 | 소속 | | 00교 | 직위(급) | 교사 |
|---|---|---|---|---|---|
| | 성명 | 한글 | 고길동 | 생년월일 | 19••.8.8 |
| | | 한자 | 高古洞 | | |
| 강의일시 및 시간 | 매주 토요일(14:00~16:00) | | | | |
| 강의장소 (소재지) | 00시 00구 000기관 | | | | |
| 강의과목 또는 주제 | 00학 | | | | |
| 강의기간 (겸직기간) | 20••.7.20.~20••.8.17 | | 강의횟수 및 시간 | • 주 횟수 : 1회<br>• 주 강의시간: 2시간 | |
| 강의요청 기관 | 00기관 | | 겸직 시 그 직위 | 강사 | |
| 강의시(겸직시) 받는 보수(사례금) | • 1회 강의시 : 15만 원<br>• 월 보수 :    원 | | | | |
| 강의내용의 직무 관련성 | • 담당직무의 내용과 성격<br> - 00을 대상으로 한 00교육<br>• 강의내용과 성격<br> - 000을 대상으로 000에 대한 기초교육<br>• 강의내용의 직무관련성 : 교수학습방법에 긍정적 영향 | | | | |
| 청탁금지법 제5조에서 제10조 준수 여부 | 준수 | | | | |
| 직무(공무)전념에 미칠 영향정도 | 방학 중 토요일을 이용해 직무전념에 미칠 영향도는 낮음 | | | | |

〈첨부〉 겸직(강의)기관의 강의 요청서

년     월     일

신청자 :          (인)

## ○○학교장 귀하

## ✓ 겸직신청서 내부결재

**제4장 복무**

### 서식1 겸직허가 내부결재-학교

# ○○학교

수신자  내부결재
(경유)
제 목  교육공무원 겸직 허가

1.       -       (20••.••.••.)의 관련입니다.
2. 국가공무원법 제64조, 국가공무원복무규정 제26조 및 경기도교육감 행정권한 위임에 관한 규칙 제7조 규정에 의거 아래와 같이 겸직을 허가하고자 합니다.

| 소속 | 직위 | 성명 | 생년월일 | 겸직기관 | 겸직업무 | 겸직허가기간 | 비고 |
|---|---|---|---|---|---|---|---|
| ○○학교 | 교사 | ○○○ | •••••• | □□대학교 | ○○과목 강의<br>(매주 수요일<br>17:00~19:00) | 20••.••.••.<br>- 20••.••.••. | |

붙임  1. 요청기관으로부터의 요청공문 사본 1부.(예 : ○○대학의 출강의뢰 공문)
      2. 겸직대상자의 겸직허가신청서 1부.  끝.

수신자

| 교사 | 부장 | 교감 | 교장 |
|---|---|---|---|
| 시행 | ○○학교 - (20••.••.••.) | 접수 | |
| 무 | | | |
| 전화 | 전송 | | 비공개(6) |

부록 · 외부 강의와 겸직 신고

# 교사의 책 쓰기

– 어쩌면 삶이 조금 펼지도 모르는 책 쓰기 브랜딩

**펴낸날** 2025년 5월 30일

**지은이** 배정화
**펴낸이** 주계수 | **편집책임** 이슬기 | **꾸민이** 최송아

**펴낸곳** 밥북 | **출판등록** 제 2014-000085 호
**주소** 서울특별시 마포구 양화로 156 LG팰리스빌딩 917호
**전화** 02-6925-0370 | **팩스** 02-6925-0380
**홈페이지** www.bobbook.co.kr | **이메일** bobbook@hanmail.net

© 배정화, 2025.
ISBN 979-11-7223-078-4 (03190)

※ 이 책은 저작권법에 따라 보호받는 저작물이므로 무단전재와 복제를 금합니다.